C. W. Stafford: SCHREI IM WIND

Zu Deiner Konfirmation
alles Gute und Liebe
mit herzlichen Grüßen
zur Erinnerung an
Deine Marita.

10. Mai 1981

C. W. STAFFORD

Schrei im Wind

VERLAG SCHULTE + GERTH, ASSLAR

Die amerikanische Originalausgabe erschien unter dem Titel
„Crying Wind“ im Verlag Moody Press, Chicago, USA

Aus dem Amerikanischen übertragen

ISBN 3-87739-304-7
1. Auflage 1978
2. Auflage Januar 1980
3. Auflage November 1980
Satz: dateam, Frankfurt am Main
Druck: Druckhaus Benatzky
Printed in Germany

1

Braune Füße in Mokassins wanderten lautlos in dem ausgetrockneten Flußbett des Arroyo hinab. Das einzige Geräusch kam von den Lederfransen, die gegen die bronzefarbene Haut schlugen.

In der Ferne grollte der Donner, und Blitze zuckten durch die purpurnen Wolkenfetzen, als ich langsam meinen Weg durch die scharfen, spitzen Felsriffe suchte. Meine Hände waren zerkratzt und zerschunden von den scharfen Kanten, an denen ich Halt suchte. Ich durfte nicht daran denken, was geschähe, wenn ich einen losen Felsblock erwischte oder das Gleichgewicht verlieren würde. Ich wußte zu gut, daß ich dann den steilen Granitabhang hinunterrutschen und die scharfen Stacheln der Yucca meine Beine zerkratzen würden.

Ich mußte meine Augen sehr anstrengen, um den schmalen, fast unsichtbaren Pfad zu erkennen, der zu dem geheimnisvollen Ring auf dem heiligen Berg führte. Ich fragte mich, ob jemals eine Nacht so dunkel war wie diese. Ein zuckender Blitz erhellte den Hang gerade so lange, daß ich die großen Felsblöcke vor mir erkennen konnte. Ich war beinahe oben.

Mir war schwindlig, und meine Hände zitterten vor Schwäche. Den ganzen Tag über hatte ich weder gegessen noch getrunken. Ich fastete, um würdig zu sein, mit meinem Gott zu sprechen. In wenigen Augenblicken würde ich vor meinem Gott Niyol stehen, dem großen, mächtigen Gott des Windes, den wir Indianer anbeten.

Endlich hatte ich den Kamm erreicht und eilte auf den flachen Stein zu, der halb in der Erde vergraben war. Ich wußte, daß in der Vergangenheit Hunderte von Indianern auf diesem Stein gestanden waren und ihren Gott um Hilfe angefleht hatten.

Sorgfältig nahm ich Federschmuck und Stock aus meinem Lederbeutel und band sie mit Streifen aus ungegerbtem Leder zusammen. Dann malte ich unser Stammeszeichen in den Staub und stand hochaufgerichtet da, das Gesicht dem Wind zugekehrt.

„O du starker, furchtbarer Wind, du mächtigster aller Götter, höre meine Stimme . . . "

Als ich mein Gebet beendet hatte, schleuderte ich den Gebetsstab gegen den Wind. Dann drehte ich mich schnell um, denn den Gebetsstab zur Erde fallen sehen bedeutete, das Gebet würde keine Erhörung finden. Ich aber hoffte, der Wind würde meinen Stab auffangen und in den Himmel hinauftragen.

Der Donner mahnte mich ein letztes Mal, vom Berg herunterzusteigen, bevor er seine Sturmrosse loslassen würde. Ich fuhr mit den Händen noch schnell durch den Staub, um alle Spuren meiner Zeichnung zu verwischen. Im selben Augenblick begann der Himmel zu weinen. Große, schwere Regentropfen fielen auf meine staubigen Hände.

Über die Lichtung eilte ich zu den großen Felsblöcken, die den Weg ins Tal hinab markierten. Die Regentropfen wurden größer und schmerzten, als

Ich stand hochaufgerichtet da, das Gesicht dem Wind zugekehrt.

sie auf mein Gesicht klatschten. Ein lauter Donnerschlag in nächster Nähe ließ mich zusammenfahren. Ich fürchtete mich. Mein Kleid aus Wildleder wurde bereits naß und schwer. Es klebte an mir und machte es noch schwieriger, den schmalen Pfad bergabwärts zu finden. Ich überlegte, ob mich nicht der Blitz treffen würde, wenn ich den Hügel hinablief, und man mich vielleicht am anderen Morgen tot auffinden würde.

Mein Herz schlug schneller. Ich konnte nicht sagen, ob ich wegen des kalten Regenschauers, aus Angst oder vor Hunger zitterte. Beinahe war ich am Ziel, als der Kiesboden unter meinen Füßen nachgab. Ich glitt aus und schlitterte das letzte Stück des Weges hinunter.

Als ich feststellte, daß ich nicht verletzt war, stand ich auf, klopfte den Schmutz aus meinen Kleidern und dankte Niyol, daß er mir das Leben gerettet hatte. Er hätte ja dem Blitz befehlen können, mich zu treffen, oder er hätte mich durch den Fall töten können. War meine Bewahrung nicht ein gutes Omen? War es nicht ein Beweis seiner Gunst? Vielleicht war es auch ein Zeichen, daß er mein Gebet erhört hatte?

Daheim hängte ich meine Sachen zum Trocknen auf. Das Kleid war schwer und unförmig von dem vielen Wasser, das es aufgesogen hatte. Es war aus Elchhaut und wog normalerweise etwa 16 Pfund, aber jetzt war es mindestens doppelt so schwer. Einige Glasperlen am rechten Ärmel fehlten. Ich mußte sie ersetzen, bevor ich das Kleid wieder tragen konnte. Auch meine Mokassins mußten heute abend noch geputzt werden. Wenn der Schmutz über Nacht eintrocknete, wären sie am anderen Morgen so hart, daß ich sie nicht anziehen könnte.

Sämtliche Knochen taten mir weh, als ich endlich ins Bett kroch. Meine Hände waren zerkratzt und brannten wie Feuer. Ich hatte immer noch Hunger, aber ich durfte erst am Morgen wieder essen.

„Oh, es macht nichts. Es hat sich gelohnt, wenn der Wind mein Gebet erhört hat, wenn – wenn –“ Ich versuchte, das unangenehme Gefühl in der Magengegend nicht zu beachten, und redete mir ein, es sei nur der Hunger. Morgen früh wollte ich mir ein herzhaftes Frühstück gönnen, dann würde die seltsame Leere in meinem Magen verschwinden.

Das letzte, an das ich mich erinnerte, bevor ich einschlief, war: Wenn er mein Gebet erhört hat – wenn – wenn . . .

Wie froh war ich, daß ich an den Windgott glaubte. Er war der mächtigste aller Indianergötter. Der Bärengott war stark, aber er schlief den ganzen Winter über. Ich wollte keinen Gott, der ein halbes Jahr lang schlief. Die Schlange und die gehörnte Kröte waren häßliche Götter. Die mochte ich nicht. Der Wolf und der Adler waren schön und klug, aber beide konnte man töten und ihre Gebeine an der Sonne bleichen sehen. Der Sonnengott war mächtig, aber in der Nacht konnte man ihn nicht anrufen, und am Tag konnten Wolken sein Gesicht bedecken. Nein, der Windgott war der beste. Er war überall. Man konnte ihn nicht gefangennehmen oder töten. Er konnte unser Haus umblasen. Er konnte so an uns zerren, daß wir uns nicht gegen ihn zu wehren vermochten. Er konnte so eiskalt blasen, daß man erfrieren mußte, oder so heiß, daß man ohnmächtig wurde. Natürlich war der Wind ein launischer Gott. Er konnte gut oder böse sein. Er konnte unser Flehen beantworten oder nicht, wie es ihm gerade gefiel. Aber ein Gott kann nicht alles sein. Ein Gott kann nicht vollkommen sein. Ich war mit meinem Gott zufrieden.

Es war Großmutter, die mir von den indianischen Göttern und den alten Sagen erzählte. Soweit ich zurückdenken kann, wohnte ich bei ihr – seit meine Mutter mich verlassen hatte.

Ich wußte nicht, weshalb sie mich aufgenommen hatte, als mich meine Mutter verließ. Großmutter hatte sieben Söhne und vier Töchter. Weshalb sollte sie also noch einen weiteren Mund füttern? Ich weiß, daß sie enttäuscht war, weil ich ein Mädchen war. Bei uns bedeutet ein Sohn alles und eine Tochter praktisch nichts. Wo immer ein Mädchen geboren wurde, schüttelten die Leute enttäuscht den Kopf und sagten: „Seid nicht traurig! Vielleicht habt ihr nächstes Mal mehr Glück und bekommt einen Sohn!"

Nach einigen Jahren war ich groß genug, um beim Kochen und Putzen zu helfen und all die Arbeit zu tun, die für meine Onkel erniedrigend war. Ich lernte alle „Frauenarbeit": Holz spalten, Tiere häuten, die die Onkel gejagt hatten, den Garten pflegen und die Haustiere füttern. Ich war zu schmächtig, um eine gute Hilfe zu sein, und manche Arbeiten konnte ich nicht ausführen, weil sie mir einfach zu schwer waren. Großmutter schüttelte gewöhnlich den Kopf, schlug die Hände zusammen und rief: „Was bist du doch für ein Faulpelz! Aus dir wird nie etwas!" Dann kratzte sie mir mit ihren

Fingernägeln die Arme blutig, damit das faule Blut aus meinem Körper fließen konnte und ich imstande wäre, mehr zu arbeiten.

Großvater starb, als ich noch klein war, und nach und nach heirateten meine Tanten und verließen das Haus. Die Onkel zogen ebenfalls weg, einer nach dem andern, bis nur noch Großmutter und ich das kleine Haus bewohnten.

Großmutters Gesicht hatte tausend Runzeln und sah wie altes Leder aus. Ihre Augen waren dunkel und scharf wie die eines Adlers und verschwanden zur Hälfte unter den Augenlidern. Ihr Haar war schneeweiß. Sie flocht es in zwei Zöpfe. Als junge Frau war sie schön gewesen. Damals war ihr Haar von glänzendem Schwarz und hing bis über die Hüften hinab. Als Großvater gestorben war, schnitt sie zum Zeichen der Trauer ihre Haare ab. Dann nahm sie ein scharfes Messer und ritzte ihre Handflächen, um ihren Schmerz zu zeigen. Früher schnitten sich Indianerinnen sehr oft ihre Finger ab, wenn sie ihren Mann verloren hatten und um ihn trauerten.

Jetzt waren Großmutters Hände runzlig und mit Narben überzogen. Ihr linker Daumen war so verkrüppelt, daß der Daumennagel in der Mitte für immer gespalten war. Trotzdem waren ihre alten Finger erstaunlich flink. Ihre Perlenarbeit war feiner als die jeder anderen Frau im Tal.

Großmutter. Shima Sani – „Kleine Großmutter“ – nannten wir sie. Sie sah aus, als wäre sie mindestens hundert Jahre alt. Sie wußte es nicht genau, aber sie glaubte, daß sie ungefähr 80 Jahre zählte. Wenn sie auch gewußt hätte, wie alt sie war, sie hätte es nicht gesagt. Das Geisterpferd hätte es hören können und vielleicht gerufen: „Ich wußte gar nicht, daß du schon so lange lebst! Da ist es ja höchste Zeit für dich, zu sterben!" Und es würde sie holen. Die meisten alten Indianer erklären: „Ich bin 104 Jahre alt." Das sagte man am liebsten, aber ich glaube nicht, daß einer von ihnen älter als 90 war.

Shima Sani hatte als kleines Kind die Eltern verloren und auf den Kornfeldern fremder Leute gearbeitet, um sich und ihre beiden Schwestern vor dem Hungertod zu bewahren. Als sie etwa 14 Jahre alt war, kam ein fröhlicher, junger Navajo-Indianer auf dem schönsten Rappen dahergeritten, den sie je gesehen hatte. Er sprach kein Wort mit ihr, aber einen Monat später erschien er wieder und brachte einen Schal für sie und eine Zigarrenschachtel mit Nickelmünzen für ihre Schwester mit. Eine Woche später heiratete sie ihn und folgte ihm auf eine kleine Farm in Colorado. Die beiden bekamen elf Kinder.

Ich erinnere mich kaum mehr an Großvater, denn er starb, als ich noch klein war. Ich weiß nur noch, daß er eine dunkle, grobe Haut hatte, laut und herzlich lachte und immer nach Whisky roch. Eines Abends war er auf dem Heimweg aus der Stadt, wo er arbeitete. Er hatte zuvor seinen ganzen Lohn vertrunken. Unterwegs wurde er ohnmächtig, und am nächsten Morgen fand ihn sein Sohn Cloud erfroren in einem Kornfeld, ungefähr vierhundert Meter vom Haus entfernt.

Keiner meiner Onkel trauerte dem Vater nach. Er hatte sie, wenn er betrunken war, zu oft geschlagen

Cloud war der jüngste meiner Onkel, aber er war der größte und stärkste.

und einige von ihnen beinahe umgebracht. Einmal hatte er Pascal den Arm gebrochen.

Obwohl Cloud der Jüngste war, war er größer und stärker als die anderen. Wenn er durch die Tür ins Haus trat, schien es, als versperrte er den ganzen Eingang. Mit dem Kopf stieß er oben an die Tür, und seine Schultern berührten rechts und links den Türrahmen.

Für mich war Cloud der größte und wichtigste Mensch auf Erden. Es war immer ein Ereignis, wenn er zu uns nach Hause kam. Ich freute mich auf ihn, denn er hatte immer interessante Geschichten auf Lager. Er konnte ein gewöhnliches Erlebnis so erzählen, daß es zum Abenteuer wurde. Er war mein Abgott. Ich war überzeugt, daß kein Mensch auf der ganzen Welt so schön und stark wäre wie Cloud. Besser als alle anderen konnte er Fährten lesen, auch wenn die Tiere Stunden vorher schon durchgezogen waren. Kein Wunder, daß er als der beste Fallensteller und Jäger weit und breit angesehen war.

Onkel Flint war ebenso groß wie Cloud, aber er war schlank und nicht so schwer und kräftig wie sein Bruder. Er war in sich gekehrt und lachte und scherzte nie wie seine Brüder. Gern wäre ich ihm näher gekommen, aber er wich mir aus, sooft ich versuchte, freundlich zu ihm zu sein. Schließlich gab ich es auf und fand mich damit ab, daß wir beide uns nie finden würden.

Pascal war einige Jahre älter als Cloud und Flint. Er hatte ein trauriges Gesicht und einen harten Zug um den Mund. Sein Handgelenk war verkrüppelt, denn niemand hatte ihn behandelt, als ihm Großvater den Arm gebrochen hatte. Er war ein schweigsamer Mann – zu schweigsam. Man wußte nie, was er gerade dachte.

Shima Sani wollte mich in die Stadt zur Schule schicken, aber daraus wurde eine Katastrophe. Ich war die einzige Indianerin, und alle Kinder machten sich über meinen Namen, Schrei im Wind, lustig. Sie nannten mich „Gebrüll in der Brise“. Es gibt kaum etwas, das dem Indianer wichtiger ist als sein Name. Ihr Spott verletzte mich tief. Sie nannten mich eine Wilde und lachten über die Perlen, die ich in den Zöpfen trug. „Indianer essen Hundefleisch!“ riefen sie hinter mir her. „Versteckt euren Hund, sonst verzehrt ihn ’Gebrüll in der Brise’ zum Nachtessen – natürlich roh mit Haut und Haaren!“

Etliche Male habe ich versucht, ihnen zu erklären, daß ein Mensch, der am Verhungern ist, alles ißt, um sich am Leben zu erhalten. Außerdem sind die Hunde der Indios keine Schoßhündchen. Man kann sie nicht mit den verzärtelten, unnützen, verwöhnten Dingern vergleichen, die die Weißen Hunde nennen. Nein, Indianerhunde ziehen kleine Wagen, mit Tontöpfen und Wolldecken beladen. Sie bewachen das Lager. Wenn man nicht jagen konnte, weil kein Wild in der Nähe war, oder wenn heftige Schneestürme die Jagd unmöglich machten, waren immer noch die Hunde im Lager und ließen sich ohne weiteres fangen. Hundefleisch hat in harten Wintern schon manchen vor dem Hungertod bewahrt. Vielleicht schätzten deshalb die Indianer ihre Hunde mehr, als es die Weißen taten.

Ich versuchte, ihnen zu erklären, daß wir keine Wilden sind. Die Indianer waren es ja, die den weißen Siedlern gezeigt hatten, wie man getrocknetes Fleisch, Mais, Ahornsirup, Erdnüsse, Getreide, Kartoffeln, Reis, Obst, Beeren und Nüsse zubereitet. Die Indianer kannten sogar schon vor vielen hundert Jahren Kaugummi. Die meisten Nahrungsmittel hatten die Siedler den Indianern zu verdanken, die ihnen zeigten, wie man jagte und pflanzte und daraus Speisen zubereitete. Aber die Kinder hörten mir nie zu. Sie wollten gar nicht wissen, wie es wirklich war. Sie wollten sich nur über mich lustig machen.

Tag für Tag lief ich weinend nach Hause. Die anderen Kinder rannten hinter mir her, warfen mir Steine nach und beschimpften mich.

Eines Tages ließ ich mir das nicht mehr gefallen. Statt davonzulaufen, blieb ich stehen und ließ es auf einen Kampf ankommen. Der dauerte allerdings nicht lange. Einer der größeren Jungen nahm einen Stock und schlug mir damit über den Mund. Dunkles Blut quoll hervor, und ich war überzeugt, daß er mir sämtliche Zähne eingeschlagen hatte.

Als die kleine Bande Blut fließen sah, geriet sie in Panik und rannte fluchtartig aus dem Schulhof. Sie ließen mich allein zurück – mit geschwollenem Mund und blutendem Gesicht. Das Blut floß auf das einzige Kleid, das ich besaß.

Wie gehetzt lief ich nach Hause. Großmutter sah mich schon von weitem und wartete an der Haustür auf mich. Während sie mir das Blut abwusch und mir frische Sachen anzog, erzählte ich ihr, was vorgefallen war.

Ich war froh, daß nur meine Lippen gespalten und das Zahnfleisch verletzt, aber kein einziger

Zahn eingeschlagen war. Mein Mund war so wund und geschwollen, daß ich tagelang weder essen noch sprechen konnte. O, wie genoß ich, von Großmutter und den Onkeln verhätschelt und verwöhnt zu werden. Sie waren über die Art und Weise, wie man mich behandelt hatte, empört und nannten meine Peiniger eine Meute wilder Hunde.

Cloud war so wütend, daß er zur Schule ging und mit der Lehrerin sprach. Aber sie interessierte sich nicht für meine Probleme. Sie erklärte, ihre Aufgabe sei es, die Kinder von neun Uhr morgens bis vier Uhr nachmittags im Schulzimmer zu unterrichten. Was auf dem Weg nach Hause passiere, gehe sie nichts an.

Zornig war Cloud heimgekommen. „Die Schulen der Weißen", fluchte er, „sind nichts für unsere Kinder. Schrei im Wind darf nicht mehr hingehen!"

Großmutter nickte zustimmend.

Am liebsten hätte ich vor Freude gejauchzt. Nie mehr zu dieser täglichen Folter zurückkehren zu müssen, die sie Schule nannten! Nie mehr verspottet, gehetzt und geschlagen zu werden! Nie mehr den bösen Blicken der Lehrer ausgesetzt zu sein! Niemand würde mehr mit Fingern auf mich zeigen, kein Kind würde mich je wieder auslachen!

Nur zu gern folgte ich meinem Onkel und blieb zu Hause. Großmutter erhielt zwar einige Briefe, in denen stand, sie solle mich wieder zur Schule schikken. Aber sie warf sie einfach ins Feuer und nahm sich nicht die Mühe, darauf zu antworten. Einmal erschienen ein paar Leute in einem prächtigen Wagen, und Großmutter sprach im Garten mit ihnen, während ich mich im Haus versteckte. Ich weiß nicht, was sie gesagt hat. Auf jeden Fall kamen sie nicht wieder, und das Wort Schule wurde nie mehr erwähnt.

Großmutter unterrichtete mich auf ihre Art. Sie lehrte mich, den erlegten Tieren das Fell abzuziehen und die Häute zu gerben. Sie zeigte mir, wie man Perlenstickereien anfertigt und aus Pflanzen Arznei macht. Und während wir gemeinsam unsere Hausarbeit verrichteten, erzählte sie immer wieder von der glanzvollen Zeit, da die Kickapoos die „Könige der weiten Ebene" waren. „Früher war es so", begann sie, und ich lauschte gespannt, um nur ja kein Wort unserer aufregenden Stammesgeschichte zu verpassen. Immer wieder sagte sie: „Kickapoo ist ein Name, auf den wir stolz sein können. Unser wirklicher Name ist Kiwigapawa, das heißt 'Wanderer', denn unsere Leute waren immer auf Wanderschaft – immer auf der Suche nach einer Heimat, ohne jemals eine zu finden. Wir waren immer auf der Suche."

Ich bekam einen Wutanfall, wenn ich daran dachte, wie die Leute mit dem Namen „Kickapoo" ihren Spaß trieben. Sie sagten „Kickapoo" und lachten dazu, als wäre es irgendein Witz. Sie hatten keine Ahnung von der Größe und Bedeutung dieses Namens.

Großmutter erzählte weiter: „Unser Stamm kämpfte gegen alle anderen. Es gab keinen Stamm, bei dem der Name Kickapoo nicht gefürchtet war. Nirgends waren bessere Krieger zu finden. Wir haben gegen die Sioux gekämpft, gegen die Irokesen, die Fox, die Creek, die Osage – und sind Sieger geblieben! Die Fox und die Indianer von Illionois", lachte sie, „haben wir ausgelöscht! Unsere Leute haben gegen die Franzosen, die Engländer und die Spanier gekämpft und die Händler aus unserem Land vertrieben! Wir haben die Missionare getötet und ihre Kirchen verbrannt!" Ihre Augen leuchteten in grimmigem Stolz. „Keiner konnte die Kickapoos besiegen. Unsere Krieger empfanden die Chancen als nicht gleich, wenn nicht sechs gegen einen von uns kämpften. Angst und Schrecken erfüllte die Leute, wenn unser Name genannt wurde. Von Maine bis Mexiko haben unsere Krieger eine blutige Spur hinterlassen."

Einige Geschichten von großen Schlachten erzählte sie mir dutzendmal, aber ich wurde nie müde, sie anzuhören. Vielleicht wurden andere Kinder mit Märchen und Kinderliedern zu Bett gebracht, aber meine Gute-Nacht-Geschichten waren die Berichte von den blutigen Überfällen der Kikkapoo-Krieger. Ich war stolz, wenn ich die Erzählungen über unsere ruhmreichen Siege hörte, und ich empörte mich über die Lügen der Regierung und ihre unwahren Versprechungen.

Besonders gern erzählte Großmutter Geschichten von Kennehuk, den man den „Propheten" nannte. Kennehuk gründete im Jahre 1830 unter den Kickapoos eine neue Religion. Obwohl sie weder der alten Indianerreligion noch dem Christentum entsprach, hatte sie doch von beidem etwas, und das genügte unseren Leuten, sich gegen die neue Religion des weißen Mannes zu wehren.

Kennehuk starb um 1850 an den Pocken. Bevor er starb, verkündete er, er werde nach drei Tagen wieder auferstehen. Sein Leib wurde in einen ausgetrockneten Brunnen gebettet, und viele seiner Jünger warteten neben seinem Grab auf die Erfüllung seiner letzten Prophezeiung. Etliche machten sich nach drei Tagen davon, andere hielten länger aus. Aber als nichts geschah, gingen auch die letzten Jünger weg, und der Leichnam des Propheten blieb allein in dem alten, ausgetrockneten Brunnen in der staubigen Kansas-Ebene zurück. Großmutter fügte immer hinzu: „Wer weiß? Vielleicht kommt der Prophet eines Tages doch wieder zurück."

Sie erzählte von der Schlacht bei Bad Axe, von den Kämpfen bei Dove Creek und Rush Springs. Sie erzählte von Häuptling Keotuk, Häuptling Kapioma, Häuptling Ockquanocasey, Häuptling Quaquapoqua und Häuptling Wahnahkethahah. Namen wie Wirbelnder Donner, Kleiner Hirsch, Weißes Pferd und Großer Elch waren mir wohlbekannt, und ich erlebte in meiner Phantasie mit, wie sie sich auf ihre Feinde stürzten, sie töteten und mit Siegestrophäen und erbeuteten Pferden davongaloppierten.

Im Reservat schien die Zeit stillzustehen. Ein Tag glich dem anderen, und wir nahmen uns nicht die Mühe, die Monate zu zählen – nur die Jahreszeiten. Ich wußte, schon bevor ich aus dem Bett stieg, daß ein Tag wie der andere war. Gestern – heute – morgen – immer das gleiche. Nur eine Geburt oder ein Todesfall in der Familie unterbrach die Eintönigkeit.

Wenn eine meiner Tanten ein Kind erwartete, waren alle hocherfreut, daß wieder neues Leben in die Familie kam. Aber das Glück wurde zur Tragödie, wenn Zwillinge kamen. Zwillinge waren ein böses Omen, denn jedermann wußte, daß eine Frau jeweils immer nur ein Kind haben konnte. Das zweite Kind war ein böser Geist, der dem ersten aus dem unbekannten Dunkel vor der Geburt folgte. Das zweite Kind lebte nur wenige Tage. Es wurde immer schwächer und schwächer, bis es schließlich starb. Das erste Kind gedieh prächtig und wurde groß und kräftig. Meine Tante erklärte allen, sie habe einfach nicht genug Milch für das zweite Baby. Ich habe im Reservat nie ein Zwillingspaar gesehen. Irgend etwas passierte immer mit dem zweiten Kind. Kein Mensch sprach darüber. Gewisse Dinge bleiben besser ungesagt. Die Leute im Reservat wußten, wie sie sich verhalten sollten, und die Behörden konnte man nicht hineinziehen – und so verlor eben eine Indianerin mehr eines ihrer neugeborenen Babys. Aber wen kümmerte das schon?

Ich wußte, daß dunkle, unheimliche Dinge geschahen. Großmutter und die Onkel sprachen darüber, wenn sie dachten, ich schliefe. Aber ich verstand nicht, was sie sagten. Obwohl ich neugierig war, wollte ich doch nicht alles wissen, was sich im Reservat abspielte.

Ich war ungefähr zehn Jahre alt, als eines dieser dunklen Geheimnisse in mein Leben trat und seinen Schatten auf die kommenden Jahre werfen sollte.

Großmutter und ich waren schon lange eingeschlafen, als man plötzlich wild an unsere Türe pochte. Großmutter stand auf und öffnete. Ich vergrub mich tiefer unter meine Decke, denn ich war viel zu müde, um auf das zu achten, was um mich her vorging. Ich hörte laute, aufgeregte Stimmen und merkte, daß Großmutter ganz aus der Fassung geraten war. Ich schlüpfte aus dem Bett, schlich hinüber und versteckte mich hinter Großmutters weitem, wallendem Nachthemd. Nur die Nase steckte ich hervor und war über den Anblick, der sich mir bot, ganz bestürzt.

Im Dunkel stand ein junger Mann, der nichts außer einem Lendenschurz aus der Haut eines Coyoten trug. Er war über und über mit Schlamm bedeckt und zitterte vor Schrecken am ganzen Leib. Er bat Großmutter um Hilfe und erzählte: „Ich habe erst vor kurzem geheiratet und bin ans andere Ende des Tales gezogen. Nach einem Monat starb meine junge Frau an Lungenentzündung. Ich war untröstlich und bat den Medizinmann um Hilfe. Der Medizinmann sagte mir, daß er meine Frau wieder zum Leben erwecken könne. Ich habe die Ratschläge des Medizinmannes genau befolgt. Ich habe mich ausgezogen und im Schlamm gewälzt, und als der Vollmond aufging, bin ich zum Grab meiner Frau gegangen und habe es mit der Haut des Coyoten bedeckt. Während ein, zwei Stunden saß ich dort. Nichts rührte sich. In der dritten Stunde bewegte sich das Grab. Die Erde bebte, und ich hatte das Empfinden, daß etwas Furchtbares geschehen würde. Die Gestalt, die aus dem Grab stieg, konnte unmöglich meine schöne, liebliche Frau sein. Es war ein so schreckliches Wesen, daß mich Furcht und Grauen packten. Ich sprang vom Grab auf, nahm die Haut, schlang sie um die nackten Hüften und lief entsetzt davon. Ich fürchtete mich, stehenzubleiben und zurückzuschauen."

Ich weiß nicht, in wie vielen Häusern er schon

war, bis er endlich zu uns kam. Er mußte lange gelaufen sein, denn sein Körper triefte vor Schweiß, und sein Atem ging keuchend. Plötzlich fing er an zu schreien und lief wieder in die Nacht hinaus.

„Was ist geschehen, Shima Sani?“ flüsterte ich, als der Mann verschwunden war.

„Das hätte er nicht tun dürfen“, antwortete sie ruhig und verschloß und verriegelte die Tür.

Ich wußte nicht, was sie damit meinte und was der Mann nicht hätte tun dürfen, aber ich glaube, ich wollte gar nichts mehr davon hören, deshalb folgte ich ihr, ohne ein weiteres Wort zu sagen, und kroch ins Bett zurück. Mir war kalt, und ich wollte den Arm um Großmutter legen, um mich zu wärmen. Doch schon als ich sie berührte, zuckte sie zusammen, rückte weg und fragte ängstlich: „Was ist das?“

„Ich bin es, Großmutter. Ich friere!“

Sie stopfte die Decken ganz fest um mich.

„Was hast du denn geglaubt, was es sei?“ fragte ich.

Sie gab lange keine Antwort. Endlich sagte sie leise: „Es hätte ja auch eine Wanze sein können.“

Ich lachte, denn ich wußte, daß sie das nicht wirklich dachte. Aber ich war viel zu jung, um ihre Furcht zu verstehen.

Am nächsten Tag wußte bereits jeder in der ganzen Gegend von diesem nächtlichen Ereignis.

Der junge Mann war auch ins Haus meines Onkels gekommen. „Er erzählte, er habe gespürt, wie etwas aus dem Grab gestiegen sei. Er wußte nicht, was es war, aber er habe etwas gespürt, und die Erde habe gebebt.“

Wieder und wieder wurde die Geschichte erzählt. Konnte es seine Frau gewesen sein? Oder böse Geister? Konnte der Medizinmann wirklich Tote wieder zum Leben erwecken? Was war mit dem jungen Mann geschehen? Kein Mensch konnte es sagen. Etliche hatten gesehen, wie er durch die Nacht gerannt war, das Coyotenfell hinter ihm flatternd. Aber niemand wußte, wohin er gelaufen war. Wir sahen ihn nie wieder. Er kam nie mehr in unser Tal zurück. Niemand ging in sein Haus, und niemand ging zum Grab seiner Frau, um nachzusehen, ob es zerstört worden war.

Dieses Erlebnis blieb unvergessen. Es konnte ein Jahr oder mehrere vergehen, ohne daß jemand davon sprach. Von Zeit zu Zeit aber kam es vor, daß die Leute über etwas diskutierten, das sie nicht begreifen konnten oder vor dem sie Angst hatten, und dann fing irgend jemand wieder davon an: „Ich erinnere mich noch an das . . . “ Und die unheimliche Geschichte wurde wieder erzählt. Die Leute nickten. Einigen Frauen liefen kalte Schauer über den Rücken, und andere sagten: „Es war nicht die Erde, die bebte, sondern er selbst, weil ihm so bange war.“ Wieder andere meinten, der Medizinmann sei vielleicht wirklich imstande, jemand von den Toten aufzuwecken.

Das Rätsel wurde nie gelöst. Kein Mensch hat je erfahren, was mit dem jungen Mann geschehen war; und wenn die Leute genug darüber geredet hatten, zuckten sie die Achseln und schüttelten den Kopf. Die Geschichte geriet wieder in Vergessenheit – für eine Weile.

2

Sommer und Winter wechselten einander immer wieder ab. Es war Ende August. Die Blätter an den Bäumen flüsterten miteinander und warnten vor einem frühen Herbst. Wilde Astern kleideten das Tal in leuchtende Purpurfarben, und das letzte Unkraut welkte dahin. Der Gesang der Heuschrecken erfüllte vom frühen Morgen bis zum späten Abend die Luft. Es schien, als ob die kleinen Musikanten einander warnen wollten, daß der Sommer nahezu vorbei war. Morgen schon konnte der erste Frost kommen.

Ich sammelte Holz und stapelte es neben einem großen Baum auf. Später wollte ich es ins Haus bringen, aber jetzt mußte ich eine kurze Pause einlegen. Ich schwitzte, war müde und lechzte nach einem Schluck Wasser. Seit dem frühen Morgen hatte ich Holz gesammelt. Ich wußte, daß wir es im Winter haben mußten, aber heute, an diesem heißen Sommertag, schienen die Winterfeuer in weiter Ferne.

Ich sank zu Boden und lag flach auf der Erde. Weiche Grashalme kitzelten mein Gesicht. Langsam kehrten meine Kräfte wieder zurück, aber da ich keine Lust hatte, noch mehr Holz zu sammeln, drehte ich mich auf den Rücken und betrachtete die weißen Wolken, die über den tiefblauen Himmel segelten.

Die frische Brise brachte angenehme Kühlung, und es war herrlich zu leben. Erst spät nachmittags ging ich zum Haus zurück.

Als ich näherkam, sah ich zu meiner Überraschung, daß ein alter, blauer Lastwagen in den Hof fuhr. Zwei Frauen und ein Mann stiegen aus und gingen auf das Haus zu. Eine der Frauen hatte die Hände vors Gesicht geschlagen, und ich war beinahe davon überzeugt, daß sie weinte. Großmutter eilte hinzu, begrüßte die Leute und legte den Arm um die Schulter der weinenden Frau.

Ich war zu weit entfernt, um ihr Gespräch zu hören, aber es mußte etwas sehr Wichtiges sein, denn Großmutter machte ein sehr ernstes Gesicht. Der Mann blickte finster, und jetzt begann auch die andere Frau zu weinen.

Langsam verschwand ich hinter dem Haus. Die Neugier drängte mich zwar, aber ich wollte mich nicht ins Gespräch mischen. Ich blieb einfach stehen und wartete ab.

Nach ein paar Worten ging Großmutter ins Haus und kam mit einer Steppdecke über dem Arm wieder heraus. Sie gab sie dem Mann, der damit zum Wagen lief und etwas einwickelte. Als er damit fertig war, kletterte er hinter das Steuer und ließ den Motor an. Die beiden Frauen, die noch immer weinten, stiegen ebenfalls ein.

Ich ging zu Großmutter hinüber, ohne den Blick vom Lastwagen abzuwenden. „Wer war das? Was wollten sie?“ fragte ich. Sie konnten meine Stimme bei dem Lärm, den der alte Motor machte, nicht hören.

„Es sind Navajos. Sie wohnen in der Ebene. Sie

haben deinen Großvater gekannt", gab sie mir zur Antwort.

„Warum hast du ihnen die Decke gegeben?" wollte ich wissen.

„Jemand in ihrer Familie ist gestorben. Sie brauchten die Decke, um den Toten einzuwickeln", antwortete sie.

Der Lastwagen wendete, und für einen kurzen Augenblick sah ich das kleine Bündel auf der Ladefläche.

„Ist das – ist das der Tote?" Eigentlich wußte ich die Antwort und fügte hinzu: „Es ist schrecklich für ein kleines Kind, zu sterben."

„Es war kein Kind. Es war ein sehr alter Mann", sagte Großmutter und schaute dem Wagen nach, der beinahe schon außer Sicht war.

„Aber das Bündel – es sah so klein aus."

„Ja, es war der alte Twice Blind, ihr Medizinmann. Er ist zornig und fluchend gestorben, und die Familie hat Angst, daß er aus dem Grab zurückkommt und sie verfolgt. Deshalb haben sie ihm eigens die Beine abgeschnitten und diese getrennt begraben. Den Körper wollen sie weit weg bringen, um sicher zu sein, daß er nicht mehr zurückkommen kann."

Der Lastwagen war verschwunden, aber Großmutter schaute in die Ferne, als ob sie ihn immer noch am Horizont sähe. „Der alte Twice Blind war ein schlechter Medizinmann. Er verfluchte immer irgend jemand, und dann mußte der Betreffende viele Schafe hergeben, damit er den Fluch wieder zurücknahm. Vielleicht haben sie jetzt einen guten Medizinmann."

Ich beendete meine Arbeit und ging zu Bett, aber in dieser Nacht schlief ich schlecht. Im Traum verfolgte mich das kleine Bündel in der Steppdecke, das auf dem Lastwagen lag. Ein alter Medizinmann kroch auf den Händen herum und suchte nach seinen fehlenden Beinen. Dieser Traum wiederholte sich oft, und ich erwachte immer zitternd und verängstigt. Ich fragte mich, ob es für Twice Blind wirklich möglich war, aus dem Grab zurückzukommen. Früher hatte ich mich kaum mit dem Tod beschäftigt, aber jetzt dachte ich oft und lange über Twice Blind nach.

Keiner von uns sprach je über den Tod. Das brachte Unglück und würde uns krank und schwach machen. Oft wollte ich Großmutter Fragen über den Tod stellen, aber ich hatte Angst davor, dieses Thema anzuschneiden. Doch eines Tages, als wir beisammensaßen und Perlenhalsbänder anfertigten, nahm ich all meinen Mut zusammen und fragte so unvermittelt, daß Großmutter zusammenfuhr: „Großmutter, was geschieht mit uns, wenn wir sterben?"

Sie sah von ihrer Perlenarbeit auf, und ihre Augen funkelten wie zwei schwarze Feuersteine. „Wenn man stirbt, stirbt man", antwortete sie lakonisch und wandte sich wieder ihren Perlen zu.

„Nein, Großmutter. Ich meine, was mit uns nach dem Tod geschieht?"

Diesmal nahm sie sich nicht einmal die Mühe, den Kopf zu heben. „Wenn du stirbst, wirst du begraben, und dein Leib verwest."

Ich schluckte. Ging ich zu weit? Würde sie zornig werden, wenn ich noch mehr fragte? „Wenn der

Leib verwest, was geschieht damit?" Ich wußte nicht recht, wie ich mich ausdrücken sollte. „Was geschieht dann mit dem, was von uns übrig bleibt? Ich meine, mit der Seele?"

Sie sah wieder auf, aber ihr Blick verlor sich in weiter Ferne. „Früher dachte ich, es gebe irgendwo einen Platz, den der Große Geist für uns Indianer bereitet habe. Einen wunderschönen Platz, wo alle Roten immer glücklich seien, wo es genug Nahrung für alle gebe und wo niemand müde und alt werde. Einen Platz, an dem die Lagerfeuer nie erlöschen und wo immer die Sonne scheint."

Sie schwieg lange, aber ich wußte, daß sie noch nicht geendet hatte. Ich wartete geduldig.

Endlich fuhr sie fort: „Ich habe die gleichen Fragen gestellt, als ich jung war. Ich fragte immer: 'Wie kann man dorthin kommen?' Aber keiner hat es mir jemals gesagt. Keiner schien es zu wissen. Sie sagten einfach: 'Frag die Alten!' Und wenn ich die Alten fragte, schüttelten sie den Kopf und gaben zur Antwort: 'Unser Volk wußte es einmal, bevor der weiße Mann kam. Aber jetzt haben wir es vergessen, und keiner weiß mehr den Weg.' Nun bin ich alt, und jetzt willst du es wissen. Und ich muß dir antworten: 'Ich weiß es nicht.' Ich bin zu alt, um weiter zu leben, zu müde, und wäre froh, wenn ich sterben könnte." Und bitter fügte sie hinzu: „Und verwesen."

Sie beugte sich wieder über ihre Perlenarbeit, aber ich erhaschte einen flüchtigen Blick. Da war etwas in ihren Augen – oder täuschte ich mich? Etwas wie Furcht. Aber Großmutter hatte sich doch niemals vor etwas gefürchtet. Sie würde sich auch vor dem Sterben nicht fürchten, wenn ihre Stunde gekommen war.

Schweigend beendeten wir unsere Arbeit, und ich war froh, als ich nachher weggehen und allein sein konnte. Ihre Antwort gefiel mir ganz und gar nicht.

So ist das also, überlegte ich traurig, als ich am Gartenzaun lehnte. Es gibt also keinen Platz, wohin wir Roten gehen können, wenn wir sterben. Wir verwesen einfach.

Ich beobachtete, wie eine Ameise über den Zaunpfahl kroch. „Sind wir beide, du und ich, gleich viel wert? Soll ich nicht besser sein?“ Ich wischte sie weg. Sie landete unversehrt auf dem Boden und eilte davon, aber ich sah sie nicht mehr, weil in meinen Augen Tränen brannten. Ich mußte wieder an Großmutters Blick denken. Ich wußte, daß sie Angst hatte, und das machte auch mir Angst. Wenn der Tod etwas war, dem sie nicht gewachsen war, so wußte ich, daß ich es auch nicht sein würde. Ich fühlte, daß der dunkle Schatten wieder in mein Leben trat, und ich wünschte, die Zeit wieder zurückdrehen zu können – in jene glücklichen Tage meiner Kindheit, da ich mir noch keine Gedanken über Leben und Tod machte.

*

An heißen, stillen Sommerabenden hörte ich manchmal Cloud auf seiner Holzflöte Indianerlieder spielen. Die leise Musik schwebte wie Nebel zu uns ins Tal herab, um dann wieder zu verklingen. Nur noch wenige der Jungen konnten das alte Instrument spielen, aber Cloud verstand es meisterhaft. Er machte beinahe alles besser als alle anderen, die ich kannte. Ich mußte lächeln, wenn ich daran dachte, wie viele junge Mädchen vielleicht darauf warteten, daß Cloud zu ihnen kam und ihnen mit seiner Flöte den Hof machte. Aber er tat es nie. So manches junge Mädchen versuchte, ihn einzufangen, aber es schien, als gelänge es nie. Manchmal lachte er über die Mädchen, wenn sie Nahrungsmittel vor seine Tür legten oder „zufällig" ausritten, wenn er zum Handelsposten unterwegs war.

Er brachte mit seinen Geschichten alle Leute zum Lachen, aber wenn er sich unbeobachtet glaubte, wurde sein Gesicht ernst. Seine Augen hatten einen einsamen, abwesenden Ausdruck. Ich fragte mich, ob er wirklich keine Familie gründen wollte. Aber er wollte eine, die anders war als die albernen jungen Mädchen aus unserer Umgebung.

Manchmal sprach Cloud mit mir, wenn wir allein waren. Dann sprach er mit mir wie mit einer Freundin. Es war mir ganz eigen zumute, wenn er mit mir sprach – so, als ob wir ein Geheimnis miteinander teilten, als ob wir viele Dinge gemeinsam hätten.

Manchmal klang seine Musik so traurig, daß ich mich fragte, ob auch er dunkle Schatten in seinem Leben kannte. Einmal würde ich ihn danach fragen.

*

Der Herbst kam spät, aber er war schöner als jeder andere zuvor. Noch nie waren die Blätter so glänzend, so golden und rot gewesen. Stundenlang konnte ich die Espen auf den Bergen ringsum beobachten. Wenn ich auf meinem Pferd Donnerhuf durch die raschelnden Blätter ritt, fühlte ich mich stark, schön und klug – lauter Eigenschaften, die ich nicht besaß. Die Bäume ließen ihre Blätter über mich regnen, wenn ich vorüberritt, als wollten sie sagen: „Du gehörst zu uns, du bist ein Teil der Bäume, der Erde und des Windes.“ Es war wunderbar, aber es sollte nicht mehr lange so sein.

Der Schnee kam früh. Schwerer, nasser Schnee legte sich auf die Bäume, die immer noch Blätter trugen, und drückte ihnen die Äste ab. Die goldenen Blätter wurden braun und schwarz. Die Schönheit des Herbstes war für immer vorbei, weil es nie wieder einen Herbst von solcher Pracht geben konnte.

Der Schnee kam früh, und er blieb liegen – lange, lange. Monate vergingen, und immer noch war der Boden mit Schnee bedeckt. Es schien, als ob der Januar nie zu Ende geben wollte. Es war kalt; graue Wolken hingen über den Bergen, und mit jedem Tag fiel mehr Schnee vom Himmel. Der Wind war zornig; er schlug uns ins Gesicht und stach uns in die Hände, sobald wir hinausgingen, um Holz nachzuholen oder einen Eimer Wasser aus dem Brunnen zu pumpen.

Großmutter klagte über die Kälte und jammerte, daß ihr alle Knochen weh täten. Sie blieb meistens im Bett und wickelte so viele Decken um sich, wie sie nur auftreiben konnte.

„Mach dir keine Sorgen, Großmutter“, tröstete ich sie, wenn ich wieder Holz aufs Feuer legte, „bald kommt der Frühling, dann scheint die Sonne wieder warm, und das Eis wird schmelzen, damit Mutter Erde wieder atmen kann. Dann werde ich Samen für Kornblumen holen. Letzten Sommer habe ich im Garten einer Frau welche gesehen; sie waren so strahlend blau, einige waren rot. Sie werden dir gefallen, und der Garten wird schön aussehen!“ Ich rieb meine rauhen, roten Hände über dem Feuer. „Bald kommt der Frühling!“ wiederholte ich.

„Er sollte sich beeilen. Ich bin alt, und der Winter setzt mir zu. Meine Glieder werden steif. Ich kann mich kaum mehr bewegen“, drang es gedämpft unter den vielen Decken hervor.

„Soll ich dir den Kaninchenbraten noch einmal aufwärmen? Vielleicht wird dir dann etwas wärmer“, schlug ich vor.

„Ja, gern“, antwortete sie. Sie setzte sich zum erstenmal seit dem Frühstück auf.

Ich holte den eisernen Topf und stellte ihn auf den Ofen. Viel war nicht mehr drin, darum goß ich etwas Wasser nach, um die Mahlzeit zu strecken. Nachher mußte ich wohl zu Onkel Cloud gehen und ihm sagen, daß wir für morgen etwas zu essen haben sollten. Hoffentlich hatte er etwas anderes. Kaninchenbraten konnte ich nicht mehr sehen. Seit fünf Tagen hatten wir nichts anderes gegessen.

Großmutter schien nichts gegen unseren Kaninchenbraten zu haben. Sie aß eine große Schale voll und schien sich nachher besser zu fühlen. Sie stand auf, ging im Zimmer umher und schaute durchs Fenster auf die hohen Schneemassen, die sich ringsum auftürmten. „Vielleicht kommt der Frühling dieses Jahr gar nicht“, meinte sie, als der Wind an den Fenstern rüttelte und den Schnee durch die Türspalten blies.

„Der Frühling kommt immer wieder“, tröstete ich.

„Aber für mich kommt er dieses Jahr vielleicht nicht mehr.“ Sie wandte mir den Rücken zu.

„Du wirst noch so manchen Frühling kommen und gehen sehen. Im Sommer werden wir das Haus ausbessern. Wir werden eine neue Tür einsetzen, und deine Söhne können die Risse in den Wänden kitten, damit die Kälte nicht hereinkann. Weißt du noch, um wieviel wärmer es im letzten Winter war, als wir das Haus mit Dachpappe verkleidet hatten, bevor der heftige Sturm sie wegriß?“

Sie drehte sich um und lachte. „Der Wind war eifersüchtig auf unser warmes Haus, und weil wir ihn nicht hineinließen, zerrte und riß er an der Dachpappe und blies sie fort. Alle liefen hinaus in den Sturm und versuchten, die Dachpappe zu retten. Aber sie war in so winzige Stücke gerissen, daß man sie nicht mehr gebrauchen konnte!“

Ihre Stimmung besserte sich zusehends, und ich wollte sie bei guter Laune halten. „Na, diesmal werden wir sie besser befestigen, und der Wind wird sie nicht mehr wegreißen können, so sehr er sich auch anstrengen mag!“ sagte ich kühn. Im stillen hoffte ich, daß er nicht gerade zuhörte und mich für meine Dreistigkeit bestrafte.

„Es wird zwanzig oder vielleicht sogar dreißig Dollar kosten, wenn wir genug Dachpappe für unser Haus kaufen. Woher sollen wir das viele Geld nehmen?“ Großmutter schüttelte den Kopf.

„Wir können unsere Perlenarbeiten verkaufen. Wenn wir bereits jetzt damit beginnen, haben wir im Sommer genug, um alles Nötige einzukaufen.“

„Vielleicht hast du recht“, pflichtete sie mir bei. „Aber wenn es so kalt ist wie jetzt, sind meine Finger zu steif, um gute Arbeit zu leisten.“ Sie betrachtete ihre Hände.

„Meine Finger sind nicht steif. Ich kann eine Menge schaffen, während es schneit, und wenn der Frühling kommt und die Sonne wieder scheint, kannst du dich hinaussetzen und Perlenhalsbänder anfertigen. Wir schaffen es schon“, erklärte ich.

Es wurde dunkel. Ich mußte mich beeilen, wenn ich die Pferde füttern und nachher noch zu meinem Onkel gehen wollte. „Jetzt muß ich aber an die Arbeit“, erklärte ich Großmutter. „Wenn ich zurückkomme, werde ich noch mehr Holz hereinbringen, damit du nicht hinausgehen mußt.“ Das brauchte ich eigentlich nicht zu befürchten, denn sie schlüpfte schon wieder unter ihre Decke.

Ich zog meine Lederjacke an und wickelte ein warmes Halstuch um den Kopf. Ich konnte nur einen einzigen Handschuh finden. Den zog ich an und steckte die andere Hand in die Jackentasche. Wenn ich mich jetzt noch damit aufgehalten hätte,

Der Wind riß an der Dachpappe und blies sie fort.

den zweiten Handschuh zu suchen, wäre ich zu spät zu Onkel Cloud gekommen.

Als ich zur Tür hinaustrat, nahm mir ein starker Windstoß beinahe den Atem. Die Augen schmerzten in der Kälte, und Tränen schimmerten in meinen Augen, als ich durch den Schnee auf die Koppel zueilte. Im Westen war der Himmel rosa, und sogar der Schnee sah rosa aus, wo die Strahlen der untergehenden Sonne hinfielen.

Die Pferde sahen mich den Hügel hinunterlaufen, stellten sich am Zaun auf und wieherten mir zu. Ich schubste sie zur Seite, als sie sich an mich drängten. Ich fühlte ihre Wärme, als ich an ihnen vorüberging.

Im Stall war es warm, und es roch nach Heu und Pferden. Die Pferde liefen hinter mir her, eines nach dem andern. Ich wußte, daß „Kriegswolke" zuletzt hereinkam, denn er hob die linke Hinterhand nie hoch genug, um über das Brett an der Tür zu steigen. Jedesmal stieß er daran.

Die Pferde hatten Hunger, und Donnerhuf schubste Kriegswolke, damit er auch ihr Platz beim Futtertrog mache. Ich warf ihnen einen Ballen Heu zu und beobachtete sie beim Fressen. Donnerhuf hielt für wenige Augenblicke im Kauen inne, sah mich an und machte sich wieder hinter ihre Mahlzeit. Ich wollte jedem noch eine Schaufel Korn hinwerfen, obwohl wir nicht mehr viel davon hatten und es eigentlich für den Fall aufheben wollten, daß das Heu nicht mehr reichte. Als die Pferde hörten, daß Hafer in ihre Kübel fiel, wieherten und stampften sie. Sie bekamen nicht oft Hafer und wußten, daß dies eine Sonderration war. Ich strich über Donnerhufs Nase, tätschelte ihren Hals und verließ den Stall nur ungern, als die Pferde versorgt und getränkt waren.

Donnerhuf – war jemals ein Pferd so schön gewesen? Ihre Flanken leuchteten wie die Morgensonne, und ihre Mähne und ihr Schwanz glichen weißen Wolken. Onkel Cloud hatte mir Donnerhuf geschenkt, als sie noch ein Füllen war. Solange ich ein solch prächtiges Pferd besaß, würde ich nie arm oder allein sein.

Zuerst gab es Staub, Monat um Monat heißen, trockenen Staub, dann Regen und Schlamm und jetzt Schnee, Unmengen von Schnee.

Schnee. Ich hatte ihn beinahe vermißt. Ich streckte die Hand aus und ließ die reinen, weißen Flokken auf meine Hände fallen. Ich betrachtete die zarten Gebilde. Ich hatte nie zuvor wirklich Schnee gesehen, nicht aus solcher Nähe. Ich habe ihn früher nie beachtet. Jede einzelne Flocke ist vollkommen und schön. Man sagt, daß keine Schneeflocke der anderen gleiche. Ich streckte meine Hand wieder aus, um noch mehr Schneeflocken aufzufangen. Wie sehr gleichen sie uns Menschen, jede ist auf ihre Art schön, und jede hat ihre besondere Eigenart. Dann begannen die Flocken zu schmelzen, und im Nu waren sie verschwunden – für immer. Genau wie wir Menschen. Wir sind hier, für kurze Zeit, und verschwinden dann für immer.

Für immer? Stimmte das? Es war schwer, sich vorzustellen, daß man nirgends mehr existierte, in keiner Art und Weise. Vielleicht kamen die Menschen wieder zurück, um als jemand anderes zu leben. Wenn es so wäre, kämen sie sicher nur für kurze Zeit zurück, um dann aufs neue zu verschwinden. War das wirklich das Leben? Leben und sterben, um wieder zurückzukommen und wieder zu leben und zu sterben?

Der Schnee war nicht mehr schön. Ich vergrub die Hände in den Taschen und betrachtete die Flokken nicht mehr, die auf meine Jacke fielen. Ich wollte sie nicht mehr ansehen. Ich wollte nicht sehen, wie schön sie waren, und dann beobachten, wie diese Schönheit dahinschwand.

Ich ging ins Tal hinunter und über den kleinen Fluß zum Haus meines Onkels. Er spaltete Holz. Als er mich kommen sah, legte er die Axt hin und kam mir entgegen, um mich zu begrüßen.

„Ist etwas passiert?“ fragte er besorgt.

„Nein, das nicht. Aber ich wollte dich fragen, ob du für uns noch etwas zu essen hast. Das Kaninchen, das du uns gegeben hast, wird gerade noch fürs Frühstück morgen reichen.“

„Ich könnte euch ein paar Hühner geben“, meinte er.

„Fein, das wäre einmal eine Abwechslung“, entgegnete ich. Das Wasser lief mir beim Gedanken an ein gebratenes Hühnchen im Mund zusammen. „Was machen deine Fallen, Cloud?“

Er schüttelte den Kopf. „Nichts zu machen. Der Schnee ist viel zu tief. Ich habe es aufgegeben und die Fallen gestern heimgebracht. Das ist ein schlechter Winter. Ich mag ihn nicht. Er bringt eine Menge Unglück. Gestern habe ich mein Messer zerbrochen. Ein Indianer ohne Messer ist verloren! Eine meiner Fallen fiel nämlich in den Fluß und ist dort eingefroren. Ich wollte sie heraushauen, und dabei ist die Klinge gebrochen. Es war ein gutes Messer. Ich hatte es schon sehr lange. Ein gleich gutes wird mich eine Menge Geld kosten – drei, vielleicht sogar vier Fuchspelze. Morgen gehe ich zum Handelsposten. Brauchst du etwas?"

„Zucker, Mehl und Kaffee", antwortete ich, „und etwas Faden. Ich möchte einige Perlenstickereien machen."

„O, der Händler wird sich darüber freuen! Er hat mich erst kürzlich gefragt, wann du und Shima Sani denn mehr davon bringen könntet. Er glaubt, daß er diesen Sommer eine Menge von euren Handarbeiten verkaufen könnte." Er blickte zum Himmel auf. „Es ist besser, wenn du jetzt gehst, sonst wird es dunkel, bevor du nach Hause kommst." Er verschwand in den Hühnerstall. Kurz darauf kam er mit zwei Hühnern zurück und band sie an den Beinen zusammen, damit ich sie nach Hause tragen konnte.

Sie waren schwer, und ich mußte zuweilen stehenbleiben, um sie von einer Hand in die andere zu nehmen. Das bedeutete jedesmal, die Hühner in den Schnee zu legen, den Handschuh auszuziehen und an der anderen Hand anzuziehen, dann die Hühner wieder aufnehmen und weitergehen. Dreimal mußte ich diese Prozedur wiederholen, bevor ich zu Hause war.

Ich brachte die Hühner in den Holzschuppen. Dort konnten sie bis morgen warten. Dann nahm ich die Axt, schlug das Eis auf der Wassertonne weg und holte einen Eimer Wasser ins Haus. Zweimal mußte ich noch hinaus, um Holz zu holen. Es war schon rabenschwarze Nacht, als ich endlich die

Haustür zum letzten Mal an diesem Abend schloß.

Eigentlich wollte ich Großmutter erzählen, daß wir morgen ein gebratenes Hühnchen haben würden, aber sie schlief schon fest. Ich zündete die Gaslampe an und begann mit einem Perlenhalsband. Im nächsten Winter würden wir nicht mehr frieren. Die Dachpappe würde das ganze Haus vor Schnee und Wind schützen.

Ich sah mich in der Stube um, die wir bewohnten und die wir unser Heim nannten. Es war nur ein einziger Raum. Eine Ecke des Raumes war unsere „Küche“. Auf dem Boden stand ein Eimer mit Trinkwasser. Er war mit einem sauberen Tuch zugedeckt, um Staub und Wanzen fernzuhalten. Einige rohe Bretterregale bildeten unsere Schränke. Die andere Ecke war unser „Schlafzimmer“. Dort stand ein schweres, altes Doppelbett mit einer Unmenge von Decken darauf. In der Mitte stand ein großer, runder Tisch mit fünf ungleichen Stühlen ringsum – das war unser „Wohnzimmer“. Die Kleider hingen an hölzernen Haken in der Nähe des Bettes, und eine alte Holzkiste am Fußende enthielt einige persönliche Dinge.

Ich hatte Hunger. So öffnete ich eine Büchse Kondensmilch, goß sie aufs Brot und streute Zukker darüber. Ich hätte daran denken sollen, die Büchse in den Schnee hinauszulegen, so wäre sie nun kalt gewesen. Ich hatte gern kalte Milch, aber weil wir keinen Kühlschrank, ja überhaupt keinen Strom hatten, konnten wir keine Lebensmittel haben, die schnell verdarben.

Ich beobachtete meine schlafende Großmutter und wünschte, daß der morgige Tag etwas anderes brächte als das ewige Einerlei der vergangenen Zeit. Vielleicht war ich deshalb unruhig, weil bald mein fünfzehnter Geburtstag war und irgend etwas in meinem Leben fehlte.

Vor kurzer Zeit hatte mich Großmutter daran erinnert, daß sie mit fünfzehn Jahren bereits verheiratet und Mutter eines Kindes war. Die meisten Indianerinnen in meinem Alter waren verheiratet, aber ich hatte noch nicht einmal ein einziges Stelldichein gehabt. Die einzigen Männer, die ich sah und mit denen ich sprach, waren meine sieben Onkel, die im Tal wohnten. Vielleicht würde alles anders sein, wenn ich fünfzehn war?

Ich legte meine Perlenarbeit beiseite. Es war gut, zur Abwechslung einmal etwas anderes zu tun. Mein ganzes Leben lang hatte ich tun und lassen dürfen, was ich wollte, aber es dauerte nicht lange, bis ich erkannte, daß diese Freiheit auch bedeutete, nichts zu tun, nirgends hinzugehen, für niemand zu sorgen. Bald würde sich alles ändern, denn ich wurde ja fünfzehn. Dann würde ich eine Frau sein!

3

Leise schlüpfte ich aus dem Bett, zog mich an und lief hinaus, um den jungen Morgen zu begrüßen. Ein wunderschöner Tag lag vor mir, denn heute war ich fünfzehn Jahre alt. Ich war kein Kind mehr – ich war eine Frau. Die Leute würden mich mit anderen Augen ansehen. Ich hörte den Vögeln zu, die in den Bäumen auf dem Hügel ihr Morgenlied anstimmten.

„Sing auch für mich ein neues Lied, kleiner Vogel!“ rief ich. Aber plötzlich war meine Freude verschwunden. Warum sagte ich gerade „Kleiner Vogel“? Das war der Name meiner Mutter gewesen. Ich wollte gar nicht an sie denken, aber manchmal drängte sie sich in meine Gedanken wie ein Schatten vor die Sonne. Als sie noch zu Hause war, sprach sie nie mit mir. Sie hatte mir nie vergeben, daß ich geboren wurde. Sie konnte mich nicht ansehen, ohne voll Haß an meinen Vater zu denken. Ihr Name war „Kleiner Vogel“, aber als ich geboren war, bestand sie darauf, daß alle sie nur noch „Kleiner toter Vogel“ nannten, denn sie erklärte, von nun an sei sie tot. Sie rührte mich nie an. Als ich ein Säugling war, weigerte sie sich, mich zu stillen. Großmutter bewahrte mich vor dem Hungertod, indem sie mir Kondensmilch, Kaffee und ausgelassenen Speck in die Kehle goß.

Eines Tages verließ uns meine Mutter, und ich

sah sie nie wieder. Niemand wußte, wohin sie gegangen war. Sie hatte ihre Sachen gepackt, Großmutter und einigen ihrer Brüder Lebewohl gesagt und war fortgegangen.

Für mich spielte es keine Rolle, daß sie uns verlassen hatte. Wenigstens war niemand mehr da, der mir böse Blicke aus harten, dunklen Augen zuwarf. Nun mußte ich mich nicht mehr schuldig fühlen, weil ich geboren war. Die Familie sprach immer weniger von ihr, und schließlich wurde sie gar nicht mehr erwähnt.

Ich fragte mich, ob meine Mutter daran dachte, daß sie vor fünfzehn Jahren ein Menschenleben in die Welt gesetzt hatte. Dachte sie je an mich? Lebte sie überhaupt noch? Lebte mein Vater noch? Nein, solch traurigen Gedanken wollte ich heute nicht nachhängen. Heute sollte ein glücklicher Tag sein.

Ich hörte, wie Großmutter im Haus rumorte, kehrte der aufgehenden Sonne den Rücken und ging hinein. Ich hoffte, sie würde daran denken, daß ich heute Geburtstag hatte.

„Guten Morgen, Großmutter!" Ich lächelte ihr zu und suchte in ihrer Miene ein Zeichen, daß der heutige Tag auch für sie ein besonderer Tag war.

„Du hast vergessen, den Kaffee zu machen", sagte sie vorwurfsvoll.

Ich goß etwas Wasser zu dem von gestern übrig gebliebenen Kaffee und stellte den Topf auf den Ofen. „Das tut mir leid", entschuldigte ich mich. Ich holte die Bratpfanne, um Eier und Toast zu machen.

„Eine alte Frau braucht ihren Morgenkaffee", beklagte sich Großmutter und blinzelte mich an.

Ich schnitt das Brot in Scheiben, legte es in heißes Fett, ließ es braun und knusprig braten und nahm es heraus. Großmutter stand neben mir und wartete, bis der Kaffee kochte. Dann schlug ich einige Eier in die Bratpfanne.

Großmutter griff über die Pfanne hinweg nach dem Kaffeetopf. Heißes Fett spritzte über ihren Arm. Erschrocken zog sie ihn zurück und stieß dabei den Kaffeetopf auf ihren rechten Fuß hinunter. Das siedendheiße Wasser ergoß sich über ihre nackten Füße. Sie schrie auf und trat zurück.

Ich bückte mich und wollte ihr die Füße abwischen, aber sie schlug mir ins Gesicht. Ängstlich wich ich zurück.

„Geh weg!" fuhr sie mich an. Sie wischte ihre Füße selbst ab. Dann ging sie zum Wassereimer hinüber und leerte einige Schöpflöffel kalten Wassers über die Beine.

Hilflos stand ich da. Die Wange, auf die sie mich geschlagen hatte, brannte. Tränen schossen mir in die Augen. Ich kehrte ihr den Rücken zu und betrachtete das verunglückte Frühstück. Die Eier waren schwarz geworden, das Brot schwamm im Kaffee, und der Fußboden war mit Kaffeesatz besudelt.

Ich fing an, die Bescherung aufzuputzen, und warf dabei einen flüchtigen Blick auf Großmutter. Ich hoffte, sie würde etwas sagen, aber ich wußte bereits, was kommen würde: das wohlbekannte Schweigen. Sie wandte diese Behandlung jedesmal an, wenn sie auf mich zornig war. Das schien in der letzten Zeit mehr und mehr der Fall zu sein. Tage, sogar eine ganze Woche konnte vergehen, ohne daß sie ein einziges Wort mit mir sprach. Sie behandelte mich wie Luft. Manchmal hielt ich es einen oder zwei Tage aus und redete mir ein, es mache mir nichts aus, aber manchmal drückte mir ihr Schweigen fast das Herz ab. Heute würde ich mich bei ihr entschuldigen, damit sie wieder mit mir sprach. Diesmal wollte ich ihre Schweige-Behandlung auf keinen Fall über mich ergehen lassen. Ich dachte, je

Eine alte Frau braucht ihren Morgenkaffee.

eher ich mich entschuldigte, desto eher hätte ich es überstanden.

„Es tut mir leid, Großmutter. Wenn ich den Kaffee sofort gemacht hätte, hättest du dich nicht damit verbrannt. Tut es sehr weh?“ So, damit war das Schlimmste überstanden, dachte ich, als ich den Boden aufwusch.

Keine Antwort. Sie war böse und mußte zuerst ihren Groll verarbeiten. Wie haßte ich dieses Schweigen und so behandelt zu werden, als ob ich gar nicht existierte! Das war nur eine der strengen Strafen, die bei den Indianern üblich waren. Früher, wenn jemand über seine Familie oder seinen Stamm Schande gebracht hatte, die nicht vergeben werden konnte, wurde der Betreffende von seiner Familie für tot erklärt. Es wurde ein Klagelied angestimmt, oftmals ein Grab ausgehoben und die Habseligkeiten des „Toten“ darin begraben. Die Familie sprach nie mehr von ihm. Das war die größte Schmach, die einen Menschen treffen konnte. Heute wurde diese Strafe zwar kaum mehr angewandt, aber hin und wieder verabreichte mir Großmutter eine kleine Dosis davon, um mich daran zu erinnern, daß sie immer noch das Haupt der Familie war. Obwohl alle ihre elf Kinder das Haus verlassen hatten und einige davon verheiratet waren, behielt Großmutter die Zügel in der Hand; und wenn sie sie anzog, gehorchte die Familie.

Ich wußte, daß ihr der Fuß weh tat und daß sie mir die Schuld daran gab. Sie hatte meinen Geburtstag vergessen, und jetzt gab es keinen Grund mehr, ihn zu erwähnen. Der Tag war verpfuscht.

Ich ging hinaus und setzte mich auf einen Baumstrunk. Dann sah ich, wie die Pferde auf die Scheune zuliefen. Ich sprang auf und rannte den Hügel hinunter, ihnen entgegen. Ich wollte reiten. Das war ein gutes Heilmittel für jeden Kummer.

Ich holte das Zaumzeug aus dem Stall und fing Donnerhuf ein. Sie schätzte es gar nicht, daß ich sie reiten wollte. Sie war fett und faul geworden und benahm sich wie eine verwöhnte Dame.

Ich warf einen schnellen Blick aufs Haus und entschloß mich, Donnerhuf nicht zu satteln, um keine Zeit zu verlieren. Wenn mich Großmutter erblickte, würde ihr bestimmt eine Arbeit für mich einfallen, und dann könnte ich nicht mehr ausreiten. Ich schwang mich auf Donnerhufs Rücken und

Donnerhuf setzte sich in Trab.

lenkte die Stute gegen den Wald. Ich wollte möglichst schnell dem Haus und Großmutters Zorn den Rücken kehren.

Donnerhuf setzte sich in Trab. Die klappernden Hufe schienen sich dem Rhythmus meines eigenen Herzschlags anzupassen. Der eisige Wind zerzauste meine Haare und blies durch meine fadenscheinige Hemdbluse. Graue Wolken zogen über den Himmel, als wollten sie uns folgen, um den Weg ins Tal hinab zu verdunkeln. Mein Pferd raste mit geducktem, ausgestrecktem Hals dahin, und Mähne und Schweif flatterten im Wind.

Ich beugte mich tief auf ihren Nacken, und ihre Mähne schlug mir ins Gesicht. In der einen Hand hielt ich die Zügel, und mit der anderen packte ich ihre Mähne, um einen besseren Halt zu haben. Meine Knie preßten sich in ihre Flanken. Ich klammerte mich fest an die Stute, als sie wie ein wilder Vogel über den rauhen Boden flog.

Ich konnte ihr Herz zwischen meinen Beinen schlagen hören. Aber sie mäßigte ihr Tempo erst, als wir auf dem höchsten Berggipfel ankamen. Dort oben hielt ich sie an, wendete scharf und blickte in die Richtung zurück, aus der wir gerade gekommen waren. Ich beugte mich hinunter und streichelte den schweißnassen Hals, der vor Anstrengung zitterte. Ich glitt zu Boden und fühlte, wie meine Beine wankten.

„Wir sind beide nicht mehr in Form, altes Mädchen“, flüsterte ich ihr zu und tätschelte ihre Nase. Ich ließ die Zügel locker und ließ sie grasen, während ich mich auf einen großen Felsblock in der Nähe setzte. Ich wollte wieder mehr reiten. Aber in letzter Zeit hatte Großmutter immer eine dringende Arbeit für mich gefunden.

Ich atmete tief. Die Luft war klar und frisch und duftete nach Kiefern. Ich fühlte mich besser. Ich war froh, daß ich hierher geritten war. Donnerhuf schnaubte und fraß hinter mir. Sie war ein gutes Pferd. Sie war zwar verwöhnt und manchmal nicht leicht zu lenken, war auch nicht die schnellste und klügste, aber sie hatte die Farbe von flüssigem Gold, und sie gehörte mir. Sie war nicht nur ein Pferd – sie war mein bester Freund. Es tat mir leid, daß sie nicht mehr jung war. Meine Onkel hatten mir schon geraten, sie zu verkaufen und mir ein Füllen anzuschaffen, aber sie sahen in ihr eben nur das Pferd. Sie verstanden nicht, daß sie mein Freund war und daß man einen Freund nicht verkauft.

Ich saß dort und vergaß alles um mich her. Ich träumte die unmöglichsten Dinge. Ich dachte an die Vergangenheit und hatte Angst vor der Zukunft. Erst als mir bewußt wurde, wie still es um mich her geworden war, wurde ich wieder in die Gegenwart zurückversetzt.

Ich sprang auf und sah mich um. Donnerhuf war nirgends zu sehen. Während ich meinen Träumen nachhing, hatte das Pferd das Weite gesucht.

„O bitte, laß sie nicht nach Hause gegangen sein!“ sagte ich, ohne zu wissen, mit wem ich sprach. Ich wollte wahrhaftig die fünf Kilometer nach Hause nicht zu Fuß gehen – nicht heute, nein, auf keinen Fall heute!

Ich lief auf die andere Seite des Hügels und suchte nach meinem Pferd. Dort! Dort stand sie unter einer kleinen Gruppe Espen. Ich lief hinüber und packte die losen Zügel. Jetzt sollte sie mir nicht mehr davonlaufen! Ich schwang mich hinauf und zog ihren Kopf hoch. Sie stampfte mit den Hufen, während ich überlegte, wohin ich jetzt reiten könnte. Nach Hause wollte ich noch nicht. Lieber ritt ich über den Kamm und auf der anderen Seite hinunter; aber das würde mindestens noch eine Stunde dauern.

Ich schaute zum Himmel auf. Es wurde schon spät. Ich zögerte noch. Wenn ich nicht rechtzeitig nach Hause kam, um das Essen zuzubereiten, würde es noch einmal etwas geben, und ich hatte heute ohnehin schon genug Unannehmlichkeiten gehabt.

Donnerhuf schüttelte den Kopf und schnaubte ungeduldig. Sie wollte endlich weiter.

„In Ordnung, du hast gewonnen!“ Ich lenkte sie heimwärts – aber ganz langsam. Ich war ganz und gar nicht in Eile. Dieser Ritt war für mich etwas Außergewöhnliches. Ich wollte, er hörte nie auf, denn ich hatte das Gefühl, daß es nie wieder einen solchen Ritt geben würde.

„Donnerhuf“, rief ich, „ich habe heute Geburtstag!“

Sie nickte mit dem Kopf, als hätte sie es genau verstanden.

Wir waren beide müde, als wir den Stall erreichten. Ich glitt vom Pferd und nahm die Zügel ab. Donnerhuf ließ sich auf die Knie nieder und rollte sich auf den Rücken, die Beine hoch in der Luft, und wälzte sich so lange, bis sie auf der anderen Seite landete. Endlich stand sie auf und schüttelte den Staub ab.

„Du bist nur zehn Dollar wert, weil du die Rolle nur einmal gemacht hast!“ neckte ich sie. Ich ging in den Stall und brachte eine Handvoll Hafer für sie. Sie nahm den Leckerbissen mit Freuden an.

Ich ging zum Haus hinauf. Es war bereits dunkel, und Großmutter hatte die Gaslampe angezündet.

Als ich ins Haus trat, duftete mir das Abendessen entgegen. Ich hatte ein schlechtes Gewissen. Großmutter war sicher böse auf mich, weil ich so lange ausgeblieben war.

Ich wusch die Hände in kaltem Wasser und trocknete sie an meiner Bluse. „Was kann ich dir

Ich saß dort und vergaß alles um mich her.

helfen?“ fragte ich und fügte hinzu: „Ich bin ausgeritten. Es tut mir leid, daß ich so spät komme.“ Dies schien wahrhaftig ein Tag, an dem ich mich laufend entschuldigen mußte.

„Das Essen ist fertig“, antwortete sie und richtete Kartoffeln und Fleisch an. Sie reichte mir den Teller. Gelbes Fett lief über die Kartoffeln und das Fleisch und bedeckte den Teller. Großmutter briet immer alles in derselben Pfanne. Deshalb hatten die Kartoffeln auch nicht ihren eigenen Geschmack, sondern den herben Geschmack des Rotwilds.

Großmutter füllte auch ihren Teller und setzte sich zu Tisch. Schweigend aßen wir. Dann stand Großmutter auf und setzte sich aufs Bett, um ihr altes Kleid zu flicken.

Ich räumte den Tisch ab und dachte mit Schrekken an den langen, einsamen Abend, der vor mir lag, als ich ein willkommenes Geräusch vernahm. Wir hörten das Geschrei schon lange bevor die Leute auf den schmalen Pfad einbogen, der zu unserem Haus führte.

Großmutters Augen glänzten erwartungsvoll, als sie zur Tür eilte und sie weit öffnete. Ich unterbrach meine Arbeit und stellte mich neben sie.

Dem wilden Lärm nach zu schließen hatten sich meine Onkel eingefunden, um wieder einmal einen Whisky-Handel abzuschließen. Der Whisky war dick und schwarz und beinahe Gift – auf jeden Fall stark genug, um jemand stockbetrunken zu machen.

Ihrer fünf drängten sich miteinander durch die schmale Tür. Wir traten zur Seite, um nicht niedergetrampelt zu werden. Großmutter und ich lachten über ihre Trunkenheit. Meine Onkel kreischten und schrien, schwankten im Raum umher und schlugen auf alles ein.

Flint und Cloud schlugen und boxten einander, und schließlich gingen sie zu Boden – ein Gewirr von Armen, Beinen und Fäusten. Sie kugelten wie zwei Bärenjunge im Frühling umher.

Großmutter lächelte nachsichtig. Ihren Söhnen war alles erlaubt. Es machte gar nichts, wenn sie ein Möbelstück zerbrachen oder sogar das Haus niederrissen. Sie waren schließlich junge Männer und mußten ihre überschüssige Kraft loswerden.

Endlich kamen die beiden wieder auf die Beine. Flint versetzte Cloud einen kräftigen Stoß, und Cloud rammte Flint mit seiner mächtigen Schulter. Flint drehte sich um die eigene Achse und fiel auf mich, stieß mich rückwärts gegen einen Stuhl und warf mich an die Wand.

Ich krümmte mich vor Schmerz und konnte kaum mehr atmen. Die Brust tat mir so weh, daß ich es kaum ertragen konnte.

Cloud und Flint nahmen mich bei den Armen, stellten mich auf die Füße und zwangen mich, mich aufzurichten. Alle lachten.

„Habt ihr 'Schrei im Wind' den Wind endlich ausgetrieben?“ fragte Großmutter und nahm die Flasche, die ihr angeboten wurde.

Sobald ich mich wieder etwas erholt hatte, wurde ich nicht mehr beachtet und blieb allein und verlassen auf meinem Bett in der Ecke sitzen. Alles tat mir weh. Auf dem Kopf hatte ich eine große Beule. Meine Ellbogen waren aufgeschürft, weil ich über die rohen Bretter des Fußbodens geschlittert war.

Trotzdem lächelte ich, und wenn jemand etwas

Lustiges sagte, lachte ich sogar. Aber tief innen war ich verletzt. Nicht deshalb, weil Flint auf mich gestürzt war und mir wehgetan hatte – das war ungewollt geschehen. Aber daß sich jetzt niemand um mich kümmerte, das schmerzte mich so. Ich sagte mir, daß ich eben ein verwöhntes Kind sei und daß ich das Brennen an den Ellbogen, das Hämmern im Kopf und die schmerzenden Rippen vergessen mußte. Wenn ich klagte, würden sie mich alle auslachen und ein Baby nennen.

Ich beobachtete Großmutter, die alle Getränke annahm, die sie ihr anboten. Sie lachte nun über alles und sprach fast nur in der Sprache der Kickapoos. Meine Onkel diskutierten, lachten und tranken. Sie waren alle vergnügt.

Ich verschwand ins Dunkel meiner Zimmerecke. Dies waren meine Blutsverwandten, meine Familie. Weshalb fühlte ich mich so ausgeschlossen und einsam? Weshalb hatte ich das Gefühl, sie hätten einen Kreis gebildet und mich draußen gelassen? War es, weil ich ein Mädchen oder weil ich ein Mischling war? Weshalb paßte ich nirgendwo hin?

Außer Pascal gingen nun alle meine Onkel nach Hause. Es wurde ruhiger, und das Gespräch drehte sich nun um ernstere Dinge.

Als die Stimmen leiser wurden, wickelte ich mich in meine Wolldecken und drehte das Gesicht zur Wand. Keiner hatte an meinen Geburtstag gedacht. Keiner hatte daran gedacht, daß ich heute nach alter Sitte eine Frau geworden war. Die Wunden des Körpers schmerzten, aber die Wunde der Seele noch mehr.

Pascals Stimme hörte man bis tief in die Nacht

hinein, aber ich kümmerte mich nicht darum und wollte auch nicht wissen, wovon er sprach. Ich wollte nur schlafen und diesen Tag vergessen.

4

Bald nach meinem Geburtstag merkte ich, daß Shima Sani hinkte und Schmerzen haben mußte. Beide gaben wir vor, ihrem Leiden keine Beachtung zu schenken, aber ich war in Sorge – und ich wußte, daß auch sie es war.

Es wurde immer schlimmer, und wir zweifelten nicht mehr daran, daß es eine ernste Sache war. Es waren schon Wochen her, seit sie sich ihre Füße verbrannt hatte, aber sie waren noch immer nicht geheilt. Sie blieb soviel wie möglich im Bett und ging nur vom Bett zum Tisch und wieder zurück.

Ich hatte ihre Wunden schon lange nicht mehr gesehen. Sie trug ihre großen Mokassins zugeschnürt, und nachts zog sie dicke Bettsocken an.

Als ich eines Tages heimkam, saß sie auf ihrem Stuhl und badete die Füße in einem Becken mit Eiweiß. Sie bat mich, sie allein zu lassen. Ich ging hinaus und wartete, bis sie fertig war. Sie hatte immer Eiweiß benützt, um Gift aus einer infizierten Wunde zu ziehen, deshalb wußte ich nun, daß ihre Füße infiziert waren.

Großmutter sprach kein Wort darüber, und deshalb tat ich auch, als ob ich ihre Schmerzen nicht bemerkte. Ich richtete es ein, jeden Tag wenigstens eine Stunde wegzugehen, damit sie in Ruhe ihre Arznei anwenden konnte, ohne von mir gesehen zu werden.

Eines Morgens rief sie mich an ihr Bett. Sie konnte ihre Krankheit nicht mehr länger verbergen. „Mein Fuß will nicht besser werden“, klagte sie. „Ich habe alle Arznei angewandt, die ich kenne. Nichts hat geholfen.“

Vorsichtig schlug ich die Wolldecken zurück und begann sachte, den Verband abzunehmen, den sie um ihre Füße gewickelt hatte.

Ich hatte zwar erwartet, daß die Wunde schlimm aussehen würde, aber auf das, was ich jetzt zu sehen bekam, war ich keineswegs gefaßt. Der üble Geruch war fast unerträglich. Das verfaulte Fleisch hing lose um ihre Zehen. Die Haut war dunkelblau, grün und schwarz verfärbt und blutete. Wundbrand.

Sorgfältig band ich die Füße wieder ein. Ich wußte, daß wir keine Zeit mehr verlieren durften. „Großmutter“, bat ich.

„Nein“, antwortete sie. „Ich weiß, was mir fehlt, aber ich will keinen Arzt. Kein Krankenhaus. Niemand, der an meinem Körper herumschneidet. In der Ewigkeit möchte ich nicht herumirren und die verlorenen Teile meines Körpers suchen müssen. Ich will als ganzer Mensch begraben werden, genauso, wie ich als ganzer Mensch in diese Welt gekommen bin. Wenn ich mein Leben nicht mit meinen eigenen Händen festhalten kann, so will ich es loslassen.“

Wir wußten beide, daß sie sich damit ihr Urteil selbst gesprochen hatte.

„Soll ich in meine Höhle gehen?“ Sie blinzelte mir mit einem schwachen Lächeln zu.

„Nein, du brauchst in keine Höhle – du hast mich“, antwortete ich.

Großmutter erinnerte sich an frühere Zeiten, da die alten Leute, die nicht mehr von Nutzen und nur eine Belastung oder Gefahr für den Stamm waren, mit einem Stück Fleisch, etwas Tabak und Wasser in eine Höhle gingen und auf den Tod warteten. Es war nicht nur eine vornehme Art, zu sterben, es war eine Notwendigkeit. Niemand hatte das Recht, den ganzen Stamm zu gefährden. Niemand entschied für den Kranken; man mußte das ganz allein tun.

Ich ging hinaus, warf die schmutzigen Lumpen in einen Graben und zündete sie an. Ich wußte, daß Großmutter in vollem Ernst gesprochen hatte. Sie wollte die Entscheidung mir überlassen. Aber ich würde Großmutter nicht allein sterben lassen. Vor dem Tod konnte ich sie nicht bewahren, aber vor einem einsamen Tod. Ich wußte, daß sie Angst hatte. Vielleicht fürchtete sie das Ende weniger, wenn ich bei ihr war?

*

Es war ein düsterer Tag. Dunkle Wolken verdeckten die Sonne, und ich hatte mich verschlafen. Als ich endlich aufstand, war ich beunruhigt, weil es schon so spät war. Eilig machte ich mich daran, das Frühstück zu bereiten.

Als der Kaffee fertig war, rief ich nach Großmutter. „Shima Sani, wach auf! Die Sonne hat heute lange geschlafen – und wir auch. Der Kaffee wartet auf dich!“

Unter dem Berg von Decken rührte sich nichts.

Ich ging hinüber und legte meine Hand auf ihre Schulter. Sie war schweißbedeckt, und ihre Haut brannte wie Feuer. „Großmutter?“

Ihre Augen flackerten. Sie hatten einen trüben Schimmer. Ihre Lippen bewegten sich lautlos. Endlich flüsterte sie mühsam: „Geh und hole Cloud! Ich möchte meine Söhne bei mir haben."

„Was ist dir, Großmutter?" Meine Stimme zitterte. „Großmutter!"

„Ich kann noch nicht sterben. Ich dachte, ich sei bereit, aber es ist nicht wahr." Tränen kullerten über ihre faltigen Wangen. „Hol Cloud, hol meine Söhne!"

„Ja, Großmutter! Ich will mich beeilen. Mach dir keine Sorgen, Großmutter. Ich komme bald mit ihnen zurück." Ich lief zur Tür und rief ihr noch zu: „Hab keine Angst, Großmutter. Ich bring sie bald zu dir!"

Donnerhuf stand im Hof. Als ich auf sie zulief, kam sie sofort zu mir und ließ sich willig die Zügel anlegen. Sie muß gefühlt haben, daß es eilte. Ich sprang auf ihren ungesattelten Rücken und stieß sie hart in die Flanken. Sie nahm einen wilden Satz, so daß ich beinahe herunterfiel. Ich faßte sie mit einer Hand an der Mähne und drückte meine Absätze wieder gegen ihre Rippen. Sie war bereits im Galopp, bevor wir am Stall vorüberkamen.

Sobald wir den kleinen Fluß überquerten, begann ich, sie mit den Zügeln anzutreiben. Sie legte ihre Ohren zurück, schlug mit dem Schweif und lief schneller, schneller als je zuvor; aber es schien mir noch immer zu langsam.

Es waren anderthalb Kilometer bis zu Clouds Hütte, aber es schienen hundert zu sein. Es hatte sicher nicht länger als ein paar Minuten gedauert, aber es schien mir mindestens eine Stunde gewesen zu sein. Sobald ich die Hütte sah, rief ich seinen Namen. „Cloud! Cloud!"

Cloud stand im Hof und warf ein Messer gegen den Zaunpfahl. Endlich hörte er mein Rufen und sah auf. Er lief mir entgegen.

Ich hielt Donnerhuf an. „Cloud", keuchte ich, „es ist etwas mit Großmutter. Sie will dich sehen. Sie will alle ihre Söhne bei sich haben!"

„Geh und hol Pascal!" Cloud setzte seinen Hut auf und gab Donnerhuf einen Klaps. „Lauf!" schrie er, und wir setzten uns wieder in Trab.

Cloud rannte zu seinem Lastwagen. Ich hörte den Motor aufheulen, und die Räder quietschten, als er losfuhr.

Donnerhuf lief noch anderthalb Kilometer, aber dann wurde sie langsamer. Schaum trat aus ihrem Maul, und der Schweiß lief ihr in Strömen über den Rücken. Meine Jeans waren naß von ihrem Schweiß. Meine Seite tat mir schon weh, und meine Beine waren verkrampft. Ich mußte langsamer reiten. Bis zu Pascals Hütte waren es noch weitere anderthalb Kilometer. Ich zügelte Donnerhuf ein wenig und ließ sie im Schritt laufen.

Sie schnaubte, schüttelte die Mähne und strauchelte einige Male. Die Schmerzen in der Seite ließen nach, und so trieb ich Donnerhuf wieder zum Galopp an.

Ich hatte Glück. Flints Wagen stand neben Pascals Hütte. Ich ritt zum Haus, band das Pferd an einen Baum und pochte an die Tür.

Flint und Pascal waren außer sich, als sie die Nachricht hörten. Sie sagten, ich solle Donnerhuf hier lassen und in Flints Wagen steigen.

Als wir daheim ankamen, stellte Flint seinen Wagen neben den von Cloud. „Du bleibst hier!" befahl er. Dann liefen die beiden ins Haus und ließen mich allein.

„Bitte laß sie gesund werden!" flüsterte ich immer und immer wieder dem Wind zu. „Bitte blas ihren Lebensgeist nicht fort! Bitte schick das Geisterroß noch nicht zu ihr!" Ich habe mindestens hundertmal dasselbe gesagt, als ich darauf wartete, daß jemand herauskäme.

Als ich schon glaubte, sie hätten mich vergessen, ging die Tür auf. Cloud kam heraus und schloß die Tür hinter sich zu. Der Ausdruck seines Gesichts sagte mir, daß das Schlimmste geschehen war. Er kam zum Wagen, lehnte sich gegen die Tür und kehrte mir den Rücken zu.

„Sie ist von uns gegangen, Schrei. Shima Sani ist tot." Er atmete tief. „Es war das Fieber. Sie glitt hinüber. Wir konnten ihr nicht helfen. Sie war schwach, aber sie hat zu uns gesprochen. Sie war froh, wenigstens drei ihrer Söhne bei sich zu haben."

„Ich hätte bei ihr sein sollen", antwortete ich heiser.

„Nein, Schrei, für dich war es besser, hier draußen zu bleiben."

„Hat sie etwas von mir gesagt? Hat sie mir eine Nachricht hinterlassen?" Verzweifelt wünschte ich, daß sie mir etwas hinterlassen hatte, an das ich mich klammern konnte.

„Nein, nichts. Sie hat nur mehr wenig gesprochen." Cloud muß gefühlt haben, wie mir zumute war, denn er fügte hinzu: „Wahrscheinlich wollte sie dir noch etwas sagen, Schrei, aber die Zeit reichte nicht mehr."

Er drehte sich um und sah mich an. Er sah, daß ich nahe daran war, in Tränen auszubrechen. Ich versuchte, dagegen anzukämpfen, aber es gelang mir nicht, obwohl ich die Zähne zusammenbiß und mit den Augen blinzelte. Mein Schmerz war zu groß; er mußte sich Luft machen.

„Ich hole jetzt die anderen", meinte Cloud, stieg in seinen Wagen und fuhr davon.

Ich wußte, daß ich jetzt ins Haus durfte, aber es war zu spät. Großmutter war nicht mehr da, und es schien so sinnlos, jetzt hineinzugehen. Ich saß im Wagen und wartete.

Nach und nach trafen alle Verwandten in ihren Wagen ein – Tanten, Onkel und Vetter gingen ins Haus. Es war schon beinahe dunkel, als ich mich endlich auch aufraffte und ebenfalls hineinging.

Shima Sani tot? Nein, das war doch nicht möglich! Sie konnte nicht tot sein. Ich hatte sie erst vor einigen Stunden gesehen, und sie hatte selbst gesagt, sie sei noch nicht zum Sterben bereit.

Im Zimmer standen meine sieben Onkel. Feierlich, mit trockenen Augen. Für Shima Sani wurde keine Träne vergossen – zumindest nicht vor allen anderen. Tränen waren ein Zeichen von Schwäche.

Mein ältester Onkel trat hervor und sagte: „Hört her! Unsere Mutter ist tot. Shima Sani ist für immer von uns gegangen. Ihr Name soll nicht mehr ausgesprochen werden." Dann ging er schnell aus dem Haus, und einer nach dem andern folgte ihm.

Ich saß in dumpfem Schweigen dort und blickte auf das Bündel Zedernäste, das am Boden lag. Spät abends sollten sie verbrannt werden, und ihr Duft würde Shima Sani dorthin leiten, wohin sie gehen mußte.

Wohin mußte sie denn gehen? fragte ich mich. Würde ihr der Geruch der verbrannten Zedern wirklich helfen, den richtigen Ort zu finden? Ich betrachtete das Bündel Äste, das mir plötzlich so klein und unbedeutend schien. Ich wollte hinausgehen und noch mehr Äste suchen. Ich wollte, daß sie stark und weithinaus dufteten. Ich wollte nicht, daß ihre Seele in der Dunkelheit wandern mußte und sich verirrte.

Ein ganzes Jahr lang würde ihr Name innerhalb der Familie nicht mehr ausgesprochen werden. Wenn sie ihren Namen hörte, würde sie keine Ruhe finden und zurückkommen. Nach einem Jahr würden wir wieder Zedernäste verbrennen – für den Fall, daß sich ihre Seele verirrt hatte und den Rauch des Zedernholzes noch einmal brauchte. Dann würde sie gewiß für immer von uns gegangen sein, und wir durften ihren Namen wieder nennen.

Doch zunächst würde man Großmutters liebste Schale und Tasse zu ihrer Grabstätte bringen. Damit würden Familienangehörige ein Grab ausheben. Die Schale und die Tasse waren alt, abgeschlagen und voller Sprünge vom Gebrauch in all den Jahren. Die Totengräber mußten sehr vorsichtig sein, wenn sie mit der Schale und der Tasse jeweils eine Handvoll Erde aushoben. Es nahm Stunden in Anspruch, auf diese Art ein Grab zu schaufeln, aber es mußte so gemacht werden. Das Grab eines Kickapoo durfte nie mit der Schaufel eines Weißen oder mit einem seiner Metallgeräte ausgehoben werden.

Nachdem das Grab bereit war, mußte jemand daneben stehen und Wache halten. Ein offenes Grab durfte nie unbewacht bleiben. Ein böser Geist könnte sonst hineinspringen und sich verstecken. Und dann könnte er die Seele des Toten mit sich fortnehmen, wenn er begraben war.

Zwei meiner Onkel gingen in den Wald und suchten einen hohlen Stamm, der für Großmutters Leib groß genug war.

Meine Tanten waren mit Großmutters Leichnam beschäftigt. Sie zogen ihr das beste Kleid an und flochten das weiße Haar in zwei schöne Zöpfe. Ihre Türkis- und Silberringe steckten sie ihr an die Finger und die Füße in neue Mokassins. Auf die Sohlen der Mokassins wurden Perlen genäht – als Zeichen, daß diese Füße nie wieder hier auf Erden, sondern in einem jenseitigen Land gehen würden. Eine neue, rote Decke wurde über ihren linken Arm gelegt, und einige ihrer liebsten Dinge gab man ihr in die rechte Hand: einige Biberzähne, eine winzige, kostbare Pfeilspitze, die feine Perlenstickerei, an der sie zuletzt gearbeitet hatte, und dazu noch genug Perlen, damit sie weiterarbeiten konnte, wenn sie am Ziel ihrer Reise angekommen war.

Als meine Tanten fertig waren, hoben die Onkel Großmutter sanft auf und betteten sie in den hohlen Stamm. Alle sieben standen Schulter an Schulter und trugen sie zu ihrer Grabstätte. Sie wurde ins Grab gelegt, und Schale und Tasse wurden gegen ihren Sarg geschmettert, damit man sie nie mehr benutzen konnte. Wir alle warfen Erde über sie, streuten Blätter und Zweige hin, bis schließlich von einem Grab nichts mehr zu sehen war.

Das Gefühl grenzenloser Einsamkeit übermannte mich. Das war einfach nicht fair! Großmutter und ich befanden uns gemeinsam auf der Reise. Wir hatten nach einer Antwort gesucht, und nun war sie gegangen, bevor unsere Reise zu Ende war. Allein war sie weggegangen, ohne Antwort. Sie war gestorben und hatte sich doch vor dem Tod gefürchtet.

„O Großmutter, wo bist du jetzt?“ rief ich.

Als ich zum Haus hinaufging, entdeckte ich den Trauerstock vor der Tür. Das ist ein Stock, der tief in den Boden geschlagen wird und an dem schwarze Krähenfedern befestigt werden, damit jeder, der vorübergeht, sieht, daß jemand im Haus gestorben ist.

Meine Tanten legten Großmutters persönliche Dinge auf den Bund Zedernäste. Es wurde ein Feuer angezündet, und wir alle standen im Dunkeln und beobachteten, wie das Feuer Großmutters letztes Hab und Gut hier auf Erden zerstörte. All ihr Besitz wurde ihr im Rauch nachgeschickt, der zu den Sternen aufstieg. Das Feuer loderte und knisterte, bis alles zerstört war und nur noch einige verglühende Aschenreste übrigblieben.

Schale und Tasse waren alt und abgeschlagen.

Als alle anderen Familienglieder nach Hause gegangen waren, blieb ich allein zurück und wartete, bis auch der letzte Funken erloschen war. „Es tut mir leid, Großmutter“, flüsterte ich. „Es tut mir so leid, daß ich zu lange brauchte, um eine Antwort auf deine Frage zu finden.“

Sie hatte recht gehabt. Der Frühling kam dieses Jahr für sie nicht mehr.

Es schien unmöglich, daß sie nicht mehr hier sein sollte. Als ich in das kalte, dunkle Haus trat, zündete ich die Lampe an, setzte mich aufs Bett und sah mich um. Jede Spur von Großmutter war verschwunden. Es war beinahe so, als ob sie nie gelebt hätte. Die einzigen Kleider, die an der Wand hingen, gehörten mir. Die Steppdecken, die sie gemacht hatte, waren verschwunden. Alle ihre persönlichen Sächelchen waren fort.

Es war so still, daß ich beinahe den Schnee draußen fallen hörte. Das Zimmer schien dunkel und voller Schatten. Ich drehte den Docht der Lampe höher. Die Flammen wurden größer, aber der Raum schien immer noch dunkel. Dann ging ich zum Ofen und machte Feuer. Meine Hände waren rot und steif, und ich zitterte vor Kälte. Auf dem Wassereimer hatte sich Eis gebildet, und es dauerte über eine Stunde, bis es in der Stube so warm geworden war, daß das Eis schmolz.

Der Wind blies stärker und heftiger als je zuvor. Er war zornig, und ich hörte, wie er gegen das Haus wütete. Ich legte mehr Holz nach, aber ich konnte mich nicht erwärmen. Ich fragte mich, ob es hier je wieder warm werden konnte, wenn Großmutter nicht hier war.

Ich kroch samt meinen Kleidern ins Bett. Es war viel zu kalt, um sich auszuziehen. Ich wickelte alle meine Decken um mich und zitterte doch immer noch.

„Ach, Großmutter, du fehlst mir so sehr!“ rief ich laut. „Der Sturm heult so laut, die Kälte war noch nie so beißend, und die Nacht war noch nie so schwarz wie heute. Bist du irgendwo in Sicherheit und in der Wärme, oder bist du draußen in der eisigen Nacht, wo der Wind deine Seele fortbläst?“

Ich hielt mir die Ohren zu und versuchte, auf das Pfeifen des Windes nicht zu hören. Ich würde nicht mit ihm reden. Ich war böse auf ihn, weil er Großmutter sterben ließ. Ich wollte mit ihm kämpfen. Aber wer kann schon gegen den Wind kämpfen? Er pfiff und blies den Schnee höher ans Haus, und er lachte mich aus.

Ich lag im Dunkeln, allein und zitternd in dem großen, leeren Bett.

Sobald ich erwachte, drehte ich mich auf die andere Seite. Vielleicht hatte ich nur schlecht geträumt? Vielleicht schlief Großmutter noch an meiner Seite? Nein, sie war nicht da. Es war kein Traum gewesen; sie hatte mich wirklich verlassen.

Am Vormittag saß ich vor dem Fenster und beobachtete die tanzenden Schneeflocken, aber am Nachmittag mußte ich mir eine Arbeit suchen. Ich holte die Schachtel mit den Perlen und stellte den Webstuhl auf. Es ging mir besser, wenn ich beschäftigt war.

Mit der Arbeit kam ich rasch vorwärts. Nach kurzer Zeit hatte ich ein Stück angefertigt, lang genug für einen Gürtel. Als nächstes wollte ich zwei Rosetten machen. Solche Stücke waren leicht zu verkaufen, und ich mußte Geld verdienen, damit ich leben konnte. Ich wußte nicht, ob Flint oder Cloud mir helfen würden, und sogar wenn sie es täten, wollte ich sie nicht um jeden Penny bitten müssen, um Lebensmittel zu kaufen. Ich wollte etwas eigenes Geld haben.

Ich hatte den ganzen Tag an meiner Stickerei gearbeitet. Der Rücken und die Finger wurden schon steif, so daß mir immer wieder Perlen hinunterfielen. Die Sonne ging nun unter, und im Haus wurde es dunkel. Ich zündete die Lampe an und zog sie näher heran. So müde ich auch war, wollte ich doch nicht aufhören. Es war wichtig für mich, eine Beschäftigung zu haben. Dann würde ich nicht immer daran denken, wie leer und einsam das Haus war.

Es war spät geworden, und ich machte immerzu Fehler. Oft mußte ich ein Stück meiner Arbeit auftrennen. Jetzt mußte ich aber aufhören. Ich hoffte, müde genug zu sein, um sofort einzuschlafen und nicht stundenlang im Bett zu liegen und ins Dunkel zu starren.

Den ersten Tag meines Alleinseins hatte ich nun endlich hinter mich gebracht. Ich war stolz auf meine Arbeit. Morgen wollte ich ebensoviel oder noch mehr machen. Ich wollte fleißig sein. Jeden Abend, bevor ich zu Bett ging, würde ich mir einen Plan für den nächsten Tag zurechtlegen. Dann konnte ich mich auf etwas freuen, und das Ganze würde nicht mehr so schlimm aussehen.

Ich beendete die letzte Perlenreihe auf der Halsbandrosette. Dieses Halsband wurde schöner als jedes andere zuvor. Ich würde einen guten Preis dafür bekommen. Wenn mir der Händler alle fertigen Arbeiten abkaufte, würde ich vierzig Dollar dafür bekommen. Das war mehr Geld, als ich je in meinem Leben besessen hatte.

Ich bewunderte mein Halsband ein letztes Mal, bevor ich es mit den übrigen Arbeiten in die Schachtel legte. Meine Augen waren müde vom langen Arbeiten beim flackernden Schein der Lampe. Ich blies das Licht aus und schickte mich an, zu Bett zu gehen.

Als ich beim Fenster vorbeiging, warf ich einen flüchtigen Blick auf die weiße Wunderwelt dort draußen. Es war Vollmond und so hell, daß ich bis zum Stall hinunter sehen konnte. Donnerhuf und Kriegswolke tranken aus dem Wassertrog, als ein plötzlicher Windstoß eine Ladung Schnee vom Dach der Scheune auf ihre Rücken fegte. Ich lachte, als die beiden Pferde entsetzt davonpreschten und sich erst in sicherer Entfernung nach dem umdrehten, was sie erschreckt hatte.

Donnerhuf war im Mondlicht wunderschön. Ihr Hals war stolz gewölbt und der Schweif hoch aufgerichtet; und obwohl sie weit weg war, wußte ich, daß ihre Augen groß und wild umherblickten und ihre Nüstern widerwillig schnaubten, weil jemand gewagt hatte, sie zu stören. Sie war stolz und schön. Ich war glücklich, daß ich sie hatte. Sie war das einzige auf dieser Welt, das ich lieben und mein eigen nennen konnte.

Ich beobachtete sie noch lange, wie sie sich bewegte und den Schnee wegscharrte. Kriegswolke war wieder zur Tränke gegangen, aber Donnerhuf scheute sich noch vor der Scheune. Der Wind blies wieder, und Donnerhuf schüttelte den Kopf und trabte davon. Vielleicht witterte sie heute im Wind Coyoten und war deshalb so unruhig.

Ich war zu müde, um sie noch länger zu beobachten. Ich warf noch ein Holzscheit in den Ofen und kroch ins Bett. Morgen wollte ich reiten. Donnerhuf und ich würden schneller sein als der Wind.

Mit diesem beglückenden Gedanken schlief ich ein.

5

Frühmorgens erwachte ich, und mein erster Gedanke war: Dies ist nun der zweite Tag ohne Großmutter. Heute wird es leichter sein als gestern und morgen leichter als heute.

Ich freute mich aufs Reiten. Donnerhuf würde eine angenehme Begleiterin sein. Sie würde mir über die Einsamkeit hinweghelfen. Es war möglich, daß wir bis zum Bitteren Fluß reiten konnten. Ich konnte etwas zu essen mitnehmen und den ganzen Tag im Freien verbringen.

Ich blickte aus dem Fenster. Die Wolken hingen tief und kündigten neue Schneefälle an. Ein heftiger Schneesturm schien im Anzug. Es war besser, lieber nicht bis zum Bitteren Fluß zu reiten. Wenn uns dort der Schneesturm überraschte, konnte das gefährlich werden. Aber wir konnten zumindest bis auf den Kamm reiten. Das würde nicht lange dauern. Ich brauchte nicht einmal etwas zu essen mitzunehmen.

Ich schlüpfte in meine Lederjacke, band einen Schal um den Kopf und ging hinaus.

Der gleißende Schnee blendete mich. Die Luft war so eisig kalt, daß ich kaum atmen konnte. Ich stand auf der Veranda und schaute zum Stall hinüber. Kein einziges Pferd war in der Koppel zu sehen. Ich hoffte, sie wären im Stall, denn ich hatte keine Lust, die ganze Halde abzusuchen. Der Schnee war zu tief.

Ich schritt durch den Schnee, der auch in meine Mokassins fiel. Es war bitter kalt, und der Schnee knirschte unter meinen Füßen, als ich zum Stall hinüberging.

Erst als ich über den Zaun kletterte, sah ich es: rotes Eis, ein Kranz von rotem Eis rund um den Wassertrog.

„Was in aller Welt ist das?" fragte ich laut. Ich bückte mich und berührte die rote Eisfläche. „Weshalb ist das Eis so rot?"

Plötzlich wurde mir übel. Blut! Blut würde das Eis so rot färben.

Ich stand auf und ging um die Ecke, wobei ich der vereisten Blutspur folgte.

Als ich es sah, wollte ich schreien, aber kein Ton kam über meine Lippen. Donnerhuf lag auf der Seite und war mit drei Beinen im Stacheldraht gefangen. Sie lag in einer Blutlache, und weitum war der Schnee rot.

Ich drehte mich um und rannte davon. Ich rannte, taumelte, fiel zu Boden, raffte mich wieder auf und rannte wie gehetzt weiter, bis meine Lungen beinahe platzten. Bei jedem Schritt flehte ich: „Laß sie weiterleben! Hilf, daß Cloud sie retten kann!"

Ich kam nicht so schnell durch die Schneewehen. Der Sturm wollte mich aufhalten und mir den Weg versperren. Von Zeit zu Zeit glitt ich aus und fiel auf den harten Schnee. Aber immer wieder raffte ich mich auf und lief weiter. Ich sah nichts anderes vor mir als Donnerhuf, die hilflos und verletzt dort im Stacheldraht hing.

Endlich erreichte ich Clouds Hütte und hämmerte an die Tür. „Cloud!“ schrie ich.

Bevor ich weiter mit den Fäusten an die Tür hämmern konnte, ging sie auf, und vor mir stand mein Onkel.

„Donnerhuf ist verletzt!“ keuchte ich. „Sie hängt im Stacheldraht und blutet. Hilf ihr! Hilf ihr doch!“

Cloud griff nach dem Rock, der hinter der Tür hing. „Komm“, sagte er und fing an zu laufen.

Ich lief hinter ihm her, so schnell ich konnte, aber ich war erschöpft und blieb weit hinter ihm zurück.

„Er kann sie retten, er kann sie retten!“ keuchte ich bei jedem Atemzug. Ich hatte gesehen, wie viele verwundete Tiere er schon gerettet hatte. Er hatte eine besondere Gabe, Tieren zu helfen. Er würde sie retten!

Bald war er nicht mehr zu sehen, und ich stellte mir vor, daß er Donnerhuf bereits erreicht hatte. Meine Beine zitterten, und der Hals war rauh von der eisigen Luft.

Der Stall kam in Sicht. Cloud sah mich und kam mir entgegen. Am Fuß des Hügels begegneten wir einander.

„Es ist zu spät. Sie ist tot“, sagte er leise.

Ich schüttelte den Kopf. „Nein, ich – ich lief – doch – so – schnell. Du – kannst – sie – retten!“ keuchte ich.

Wieder schüttelte er den Kopf. „Sie ist schon seit Stunden tot. Es muß während der Nacht geschehen sein. Sie war schon tot, als du sie gefunden hast. Es sieht aus, als ob sie vor etwas geflüchtet sei. Sie ist auf dem Eis ausgeglitten und in den Draht geschlittert. Sie ist verblutet.“

Alles Leben war aus mir gewichen.

„Nein.“ Meine Lippen wollten Worte formen, aber ich brachte keinen Ton heraus.

„Es tut mir so leid, Schrei. Wenn es dir etwas hilft – sie hatte wahrscheinlich keine Schmerzen. Es war letzte Nacht so kalt. Sie hat schnell sehr viel Blut verloren. Es kann nicht lange gedauert haben.“

Ich hörte mich schreien – fluchen – schreien. Ich warf mich in den Schnee und schlug mit den Fäusten um mich. Großmutter und Donnerhuf – beide waren von mir gegangen, innerhalb von zwei Tagen. Nein! Nein! Das konnte nicht wahr sein! Ich hatte alles verloren! Alles!

Cloud sprach kein Wort. Er stand einfach neben mir, als ich meinen Schmerz und meinen Zorn hinausschrie. Ich dachte, ich könne nie mehr aufhören zu schreien, aber schließlich beruhigte ich mich doch. Ich setzte mich in den Schnee – starr, leer und krank.

Cloud bückte sich und nahm mich auf die Arme wie ein kleines Kind. Er trug mich den ganzen langen Weg zurück zu seinem Haus.

Ich lag wie leblos auf seinen Armen. Ich konnte keinen Muskel bewegen. Alles Leben war aus mir gewichen – wie es aus Donnerhuf gewichen war.

6

In jener Nacht brach der Blizzard los. Der Wind heulte, und der Schnee türmte sich rasch und immer höher auf. Ich konnte an nichts anderes denken als an den frischen, weißen Schnee, der Donnerhuf in eine weiche, weiße Decke hüllte und den vereisten Blutstrom unter sich begrub.

Der Sturm tobte die ganze Nacht, den ganzen folgenden Tag, bis in die nächste Nacht hinein.

Ich schlief fast die ganze Zeit über. Manchmal erwachte ich, dann sank ich wieder zurück in den Schlaf. Ich wollte dem Schmerz in mir keinen Raum geben. Ich wollte nicht daran denken, daß das Leben einen Verlust nach dem anderen brachte – immer nur Verlust, nie Gewinn.

Es war Gnade, daß mein Denken blockiert war, so konnte ich schlafen. Ich erinnerte mich daran, daß mich Cloud einige Male weckte und mir zu essen brachte. Aber ich weiß nicht mehr, was ich gegessen habe und ob wir miteinander sprachen. Ich erinnere mich nur an den Sturm, der da draußen wütete, als wolle er nie wieder aufhören.

Irgendwie vergingen die nächsten Tage, und der Schmerz in meinem Herzen ließ ein wenig nach.

Ich sprach es nicht aus, aber ich wußte, daß es der Wind war, der Donnerhuf getötet hatte. Es war der Wind, der sie in den Tod getrieben hatte. Er war böse auf mich und hatte mich gestraft, indem er mir das Letzte nahm, das ich auf dieser Welt besaß. So dachte ich, aber ich wagte nicht, es auszusprechen. Sonst wäre ich selbst an der Reihe gewesen.

Ich begann darüber nachzusinnen, wie wir Indianer zu all unseren Göttern kamen. „Cloud, woher kommt unsere Religion?"

Überrascht schaute er mich an. „Was meinst du damit?"

„Wer hat mit den Zeremonien begonnen? Wie konnten die Leute wissen, was sie tun mußten, und wann sie es tun mußten? Von wem stammen unsere Lieder und Tänze? Wie hat das alles begonnen?"

Cloud zuckte die Achseln. „Woher soll ich das wissen? Vermutlich haben die ersten Indianer vor langer, langer Zeit damit begonnen."

„Vor wie langer Zeit?"

„Woher sollte ich das wissen?"

„Vielleicht vor tausend Jahren?" fragte ich.

„Kann sein."

„Was haben die Indianer vorher gemacht?"

„Wer soll das wissen?"

„Das ist es ja! Niemand weiß etwas über die Indianer! Die Anthropologen behaupten, wir seien über die Beringstraße aus Asien gekommen, hätten ursprünglich eine gelbe Haut gehabt, die sich dann, als wir hierher unterwegs waren, rot verfärbt hätte!"

Cloud lachte und ergänzte: „Und andere erzählen, wir seien von der Südsee gekommen, hätten ursprünglich eine braune Haut gehabt und seien nachher rot geworden. Komisch, daß diese Leute glauben, es könnte sich unsere Hautfarbe ändern." Er lachte wieder.

„Was glaubst du denn, woher wir stammen?"

„Ich glaube, daß das Volk der Indianer hier geschaffen wurde.“ Cloud zog mit dem Arm einen Kreis. „In Amerika“, wollte er damit sagen. „Ich glaube nicht, daß wir von einem anderen Kontinent oder einem anderen Volk stammen. Wir waren immer hier. Wir sind *das* Volk; unser Land ist *das* Land.“

„So könnte es sein“, pflichtete ich ihm bei. „Aber wenn es doch nur ein einziges Volk von Indianern gibt, warum hat dann das eine Volk so viele verschiedene Religionen? Nicht einmal in unserer Familie haben wir die reine Kickapoo-Religion. Wir vermischen den Glauben der Navajos mit dem der Kickapoos, weil Großmutter und Großvater nie einig waren, welche von den beiden die richtige sei. Ist die Kickapoo-Religion besser oder die der Navajos oder die der Sioux? Wer hat den richtigen Glauben? Wie können sie alle richtig sein, wenn sie doch so verschieden voneinander sind?“

„Du machst mich müde mit deinen vielen Fragen. Ich kann dir keine Antwort darauf geben. Hör auf, darüber nachzudenken. Es spielt ja doch keine Rolle!“ Cloud hatte genug von unserer Diskussion.

„Wahrscheinlich hast du recht. Was spielt es schon für eine Rolle?“ Ich wiederholte seine Worte, aber tief in mir hatte ich das unbestimmte Gefühl, daß es sogar eine große Rolle spielte, woran man glaubte, sonst würde mich dieser Gedanke nicht so sehr verfolgen.

Zwei Wochen war ich bereits bei meinem Onkel. Eines Morgens kam er herein und setzte sich neben mich. „Schrei, können wir heute über etwas sprechen?“

„Worüber?“ fragte ich. Ich hoffte, daß er weder Großmutter noch Donnerhuf erwähnte, denn heute war der erste Tag, an dem ich nicht geweint hatte. Ich fürchtete, daß ich wieder zu weinen beginnen würde, wenn er eine von beiden erwähnte.

„Du weißt, daß du nicht mehr in euer Haus zurückgehen und allein dort wohnen kannst. Erstens bist du zu jung, und zweitens – nun, es wäre nicht das Richtige“, sagte er und zog seinen Rock aus.

Ich nickte. Er wollte mich sicher bitten, hier zu bleiben. Ich war begeistert. Ich könnte kochen und

Du kannst nicht allein hier bleiben. Ich werde fortgehen.

den Haushalt machen, und Cloud könnte sich um die Nahrung kümmern. Das wäre wunderbar! Wir brauchten nicht mehr allein zu sein!

Noch bevor ich ihm sagen konnte, wie glücklich ich darüber wäre, fuhr er fort: „Nun, ich dachte darüber nach. Du kannst nicht allein dort bleiben, und du kannst auch nicht bei mir sein, denn ich ziehe bald von hier weg."

„Du gehst fort?" fragte ich leise.

„Ja. Sieh mal, Schrei, hier können wir nicht mehr bleiben. Viel war hier nie zu holen. Und jetzt gibt es gar nichts mehr. Ich könnte ein wenig jagen und ein paar Fallen stellen, aber das Wild wird immer rarer und der Preis für Felle immer niedriger. Ich kann nicht für uns beide sorgen."

„Ich kann meine Handarbeiten verkaufen!" rief ich eifrig.

Cloud lachte. „Ach, Schrei, die paar Dollar! Ich habe einfach genug von unserem armseligen Leben." Er erhob sich und begann, auf und ab zu gehen. „Weißt du, daß die Indianer die ärmsten Leute im ganzen Land sind? Es ist unser Land; wir waren zuerst hier, und nun leben wir in schlechteren Verhältnissen als alle anderen hier. Ich habe es satt; deshalb gehe ich fort. Ich habe mich schon lange mit diesem Gedanken beschäftigt. Der Zeitpunkt scheint jetzt günstig zu sein. Und du wirst auch gehen. Hier hält uns nichts mehr."

„Dann nimmst du mich also mit?" fragte ich und zitterte vor seiner Antwort.

„Nein, denn ich weiß noch nicht, wohin ich gehen und was ich tun werde. Flint lebt jetzt in der Stadt. Ich glaube, daß es ihm gut geht. Auch für dich wäre es die beste Lösung. Ich werde unsere Sachen verkaufen und den Erlös mit dir teilen. Dann bringe ich dich in die Stadt und suche dir ein Quartier. Du wirst dir eine Stelle suchen müssen, und bis dahin kann Flint ein Auge auf dich haben."

„Das kann ich nicht! Ich habe nie in der Stadt gelebt. Ich kenne mich dort überhaupt nicht aus. Wie soll ich Arbeit finden? Und was soll ich arbeiten?"

„Du wirst zurechtkommen", antwortete Cloud schlicht. „Und du wirst lernen, für dich zu sorgen. Flint kann dir dabei helfen."

„Nein! Ich will hier bleiben!" entgegnete ich eigensinnig.

„Das geht nicht. Du würdest entweder verhungern oder eine leichte Beute für irgendeinen betrunkenen Indianer werden, der weiß, daß du allein hier wohnst." Er warf mir einen bedeutungsvollen Blick zu, und ich verstand.

„Wann muß ich gehen?"

„Ich werde den Händler bitten, morgen vorbeizukommen. Dann verkaufe ich ihm alles, was ich nicht mehr brauche. In wenigen Tagen sollten wir das Haus verlassen können."

„Wohin wirst du gehen?"

„Ich weiß es nicht", antwortete Cloud.

„Du mußt doch irgendeinen Plan haben", drängte ich.

„Nein. Ich weiß nur, daß ich möglichst weit weggehen will. Ich möchte von vorne beginnen und auch einiges von dem haben, was andere Leute besitzen", erklärte er entschieden. „Auch für dich ist es am besten, Schrei, du wirst sehen. Auch dir wird es in der Stadt gefallen. Du wirst eine Menge Leute kennenlernen. Eine neue Lebensweise. Vielleicht findest du jemanden, den du heiraten kannst. Was auch immer geschieht – es wird besser sein als das Leben hier.“ Er nahm seinen Zinnbecher und warf ihn durch die Stube. Er landete an der Wand und fiel scheppernd zu Boden.

Ich betrachtete den leeren Becher. Dann fragte ich: „Wirst du mit mir in Verbindung bleiben?“

„Aber sicher, das weißt du doch. Sobald ich weiß, wohin ich gehen werde, schreibe ich dir. Vielleicht lasse ich dich sogar nachkommen“, sagte Cloud.

Ich glaubte ihm nicht. Wenn er fort war, würde er für mich genauso verloren sein wie Großmutter und Donnerhuf. Ich würde ihn nie wieder sehen. Ich schaute immer noch auf den leeren Zinnbecher, den er soeben weggeworfen hatte. Ich kam mir vor wie dieser leere Becher.

Cloud zog seine Jacke an und holte alle meine Sachen in sein Haus. Er begann nun, all sein Hab und Gut zu sortieren. Er legte alles, was er behalten wollte, auf einen Haufen, und was er dem Händler verkaufen wollte auf einen anderen. Nur sehr wenig behielt er zurück.

Alle meine Perlenarbeiten wurden zum Verkauf bestimmt. Ich hatte ja ohnehin geplant, sie dem Händler zu verkaufen, aber nun wollte ich sie noch ein wenig länger behalten. Ich wollte mich nicht so schnell von allem trennen. Ich nahm ein Perlenhalsband heraus und legte es für einen Moment an. Aber als ich merkte, daß Cloud mich ansah, nahm ich es ab und legte es auf den Haufen zurück, der für den Händler bestimmt war.

Nachdem der Händler gegangen war und alles mitgenommen hatte, hatte ich das Gefühl, als ob ich alles auf dieser Welt verloren hätte.

Cloud stand neben mir auf der Veranda, als der Händler mit unserem Hab und Gut, das hinten auf dem Lastwagen herumkollerte, davonfuhr. „Morgen früh gehen wir“, sagte er. „Zuerst zu Flint in die Stadt. Kann sein, daß er eine Bleibe für dich weiß. Ich gebe dir sechzig Dollar, das ist für den Anfang genug. Nachher mußt du auf eigenen Füßen stehen.“

Während dieser Nacht machte ich kaum ein Auge zu. Zu vieles hatte sich in so kurzer Zeit geändert, und nun würde ich für immer fortgehen. Dies war der einzige Ort, den ich kannte, denn ich war nie weiter als ein paar Kilometer von hier fort gekommen. Nun schien es mir, als ob man mich in eine andere Welt schickte – draußen und weit weg.

Sobald es dämmerte, lud Cloud einige Sachen auf seinen rostigen, alten Lastwagen. Verschlafen ging ich zum letztenmal hinter ihm den Pfad hinunter, der vom Haus wegführte. Eines Tages, dachte ich, komme ich zurück. Ich gehöre hierher. Hier ist mein Zuhause.

Cloud reichte mir ein Stück getrocknetes Fleisch. „Hier – dein Frühstück. Ich hoffe, du wirst nie mehr ein solch armseliges Essen haben“, sagte er.

Er startete. Der Motor war kalt, und es dauerte lange, bis Cloud ihn in Gang brachte. Ich hoffte, er würde gar nicht anspringen, so daß wir wenigstens noch einige Tage hierbleiben konnten. Aber es klappte doch. Bald waren wir auf dem holprigen Weg zur Hauptstraße, die in die Stadt führte.

Wir waren beinahe schon dort, als mir bewußt wurde, daß ich mein Frühstück immer noch in meiner kalten Hand hielt. Ich biß ein Stück ab. Das Fleisch war hart und trocken wie Leder. Ich hätte ebensogut an meinen Mokassins herumkauen können; der Geschmack wäre nicht anders gewesen.

Es dauerte nicht lange, bis Cloud seinen Bruder Flint gefunden hatte. Er arbeitete auf einem Bauplatz. Ich wartete im Wagen, während die beiden in einiger Entfernung miteinander sprachen. Hin und wieder schaute einer von ihnen zum Lastwagen herüber, und ich hatte den Eindruck, daß Flint nicht gerade begeistert davon war, daß er mich jetzt auf dem Hals hatte. Endlich kamen die beiden zum Wagen zurück.

Ich kurbelte das Fenster hinunter, und Flint mußte sich tief herunterbeugen, um mit mir reden zu können.

„Ich nehme an, daß du hierbleibst“, sagte er. „Ich weiß ein Haus in dieser Straße, wo du ein billiges Zimmer bekommen kannst. Cloud wird dich hinbringen. Heute abend nach der Arbeit komme ich schnell vorbei.“

Ich nickte. Mir blieb keine andere Wahl – was wir alle wußten.

Ein wenig später hielt Cloud an. Hier standen in einigen Reihen kleine Häuschen. Davor stand eine Tafel mit der Anschrift „Föhrenhof“. Cloud stieg aus und ging ins Büro. Nach kurzer Zeit kam er mit einem Mann zurück und winkte mir, ihm zu folgen.

Ich eilte den beiden nach, als sie auf ein kleines Häuschen am Ende der Reihe zugingen. Der Mann schloß die Tür auf und bat uns einzutreten.

Ich stand in der Mitte des Wohnzimmers und sah mich um. Es war ungefähr gleich groß wie der Raum, den Großmutter und ich bewohnt hatten, aber hier war es so hübsch. Auf dem Boden lag ein kleiner Teppich, und an den Fenstern hingen Vorhänge. Daneben war eine kleine Küche mit einem Elektroherd und einem Kühlschrank. Ich konnte warmes oder kaltes Essen haben, wann immer ich wollte. Und ein Badezimmer mit einer echten Badewanne war vorhanden, in der ich mich in heißem Wasser strecken konnte! Wie anders war dies als das alte Zinnbecken, das ich in Großmutters Haus gehabt hatte. Ich hatte noch nie so schöne und zierliche Möbel gesehen. In einem anderen Zimmer stand ein großes Bett.

Bald waren wir auf dem holprigen Weg zur Hauptstraße, die in die Stadt führte.

„Es tut mir leid, daß es so klein ist hier, aber für eine Person wird es gehen.“ Der Verwalter entschuldigte sich, ohne zu wissen, daß ich noch nie in einem so hübschen Haus gewesen war. „Es ist vollständig möbliert“, sagte er. „Bettwäsche, Geschirr – alles ist vorhanden. Es kostet fünfzig Dollar im Monat oder zwanzig in der Woche.“

„Wir nehmen es“, sagte Cloud.

„Wann wollen Sie einziehen?“ erkundigte sich der Verwalter.

„Sie ist schon eingezogen!“ antwortete Cloud. Er bezahlte dem Verwalter die Miete für zwei Wochen und gab mir noch zwanzig Dollar, um davon zu leben. Dann ging er meinen Koffer holen.

Der Verwalter gab mir den Schlüssel und ging gerade weg, als Cloud mit meinem Koffer zurückkam. Er stellte ihn auf den Boden und sah sich um. „Hier bist du gut aufgehoben“, sagte er. „Flint kommt später herüber. Wenn du etwas brauchst, sag es ihm. Oh, noch etwas! Es wäre gut, wenn du den Leuten sagtest, du seist schon achtzehn anstatt vierzehn.“

„Ich bin fünfzehn“, antwortete ich. „Ich hatte Geburtstag.“

„Oh!“ Er machte ein verlegenes Gesicht. „Das habe ich ganz vergessen.“

„Alle haben es vergessen“, gab ich zur Antwort.

Cloud hatte es nun eilig, fortzukommen. Ich hätte ihn gern noch länger bei mir gehabt, aber mir fiel nichts ein, womit ich ihn hätte aufhalten können.

„Du bist versorgt“, sagte er. „Ich werde jetzt gehen.“ Er ging hinaus, und ich folgte ihm.

„Cloud!“ Ich wollte ihn bitten, noch zu bleiben, aber ich wußte, daß es keinen Sinn hatte, darum sagte ich nur: „Paß auf dich auf!“ Das war es nicht, was ich sagen wollte, aber ich fand die Worte nicht, um das auszudrücken, was ich fühlte. Wie gern hätte ich ihn berührt und einen Augenblick festgehalten. Aber das wäre ein Zeichen von Schwachheit, und das würde er hassen. Darum verschränkte ich die Arme, damit ich nicht in Versuchung kam, ihn dennoch zu berühren.

„Auf Wiedersehen, Schrei!“ rief er und kletterte in sein altes Vehikel. Er lächelte mir kurz zu und fuhr weg. Ich wußte, daß ich ihn nie wieder sehen würde.

Ich schaute ihm nach, bis sein Wagen verschwunden war. Dann kehrte ich in mein Häuschen zurück und schloß die Tür ab. Ich öffnete den Koffer, legte die Wäsche in eine Schublade und hängte mein Kleid in den Schrank. In weniger als drei Minuten hatte ich ausgepackt und eingeräumt. Immer wieder ging ich durch die Zimmer, betrachtete alles und jedes, drehte den Ofen auf und zu und öffnete von Zeit zu Zeit den Kühlschrank.

Es war eine gute Bleibe – die beste, die ich je gehabt hatte. Ich wußte, daß ich zumindest zwei Wochen hier wohnen würde. So lange war die Miete bezahlt. Ich hatte zwanzig Dollar, aber ich wußte nicht, was man für zwanzig Dollar an Lebensmittel kaufen konnte. Ich hatte noch nie Lebensmittel gekauft außer bei unserem Handelsposten, und das nur wenige Male. So wußte ich nicht, was sie kosteten. Aber viel konnte es nicht sein.

Den Rest des Nachmittags verbrachte ich damit, daß ich hin und her ging und aus dem Fenster spähte – in der Hoffnung, Flint würde kommen.

Am späten Nachmittag hörte ich das Knirschen der Räder auf dem Kiesweg. Ich sprang auf und eilte zum Fenster. Es war Flint! Ich riß die Tür auf und wartete auf ihn.

Er stieg aus dem Wagen, kam auf das Haus zu und steckte den Kopf zur Tür herein. „Alles in Ordnung?“ fragte er.

„Ja. Cloud ist schon weggefahren“, sagte ich. Ich hoffte, er würde mir sagen, wohin Cloud gegangen war.

„Das dachte ich mir, daß er hier nicht hängen bleibt.“ Flint lehnte sich an die Tür. „Ich glaube, du brauchst etwas zu essen. Komm, steig ein, ich bringe dich zu meinem Laden.“

Ich nahm meine zwanzig Dollar-Note und den Schlüssel und stieg zu Flint in den Wagen.

Ein paar Häuser weiter war der Laden. Er schien ungeheuer groß. Er war mindestens zehnmal größer als unser Handelsposten, hell erleuchtet und voll von Regalen mit Lebensmitteln.

Flint nahm einen Einkaufswagen und schob ihn durch die Gänge.

Zuerst war ich von der Warenpracht so überwältigt, daß ich durch zwei Reihen lief, ohne etwas in den Korb zu legen. Wir mußten nochmals zurück und von vorne beginnen. Nun nahm ich einfach alles, was mir gefiel, und warf es in den Wagen.

„Halt!“ rief Flint. „Du hast doch nicht genug Geld, um all das Zeug zu kaufen!“ Er stellte eine Menge davon wieder in die Regale zurück. „Nimm nur, was du wirklich brauchst. Später, wenn du Arbeit hast, kannst du einkaufen, soviel du willst.“ Er nahm eine Dose Schmalz und einen kleinen Sack

Mehl und legte beides in den Wagen. „Von Toast und Spiegeleiern kannst du billig leben."

Enttäuscht stellte ich fest, daß ich hier auch nichts Besseres zu essen haben würde als zuvor im Reservat. Es änderte sich ja doch nichts. Ich überließ es Flint, das Nötigste einzukaufen, während meine Augen an den prächtigen Packungen und den leuchtenden Büchsen hängen blieben. Wunderbare Dinge wie Pfirsiche, Bonbons und Rindsbraten stachen mir in die Augen.

Die Sachen in meinem Wagen kosteten siebzehn Dollar. Flint nahm meine Zwanzigdollar-Note und gab mir das Wechselgeld zurück. Ich konnte es einfach nicht glauben, daß alles so teuer war. Kein Wunder, daß er mich nicht all das nehmen ließ, was ich wollte. Wahrscheinlich hätte ich sonst mindestens hundert Dollar hinlegen müssen!

Flint brachte mich wieder nach Hause und setzte sich in einen Lehnstuhl, während ich die eingekauften Sachen wegräumte. Er blätterte eine Zeitung durch und machte hin und wieder mit dem Bleistift eine Anmerkung. Als ich fertig war, rief er mich zu sich.

„Ich habe hier einige Adressen von Arbeitsstellen angestrichen, bei denen du dich morgen vorstellen solltest. Du wirst wahrscheinlich lange warten müssen, bis du Arbeit findest. Einige werden dich deshalb nicht nehmen werden, weil du Indianerin bist, andere wieder, weil du noch nie in Stellung warst. Du mußt es einfach so lange versuchen, bis du eine Arbeit findest. Es ist besser, wenn du sagst, du seist schon achtzehn Jahre alt."

„Das hat Cloud auch gesagt", antwortete ich.

„Ja, wir haben darüber gesprochen und dachten, es könnte Schwierigkeiten geben, wenn die Leute merken, daß du erst vierzehn bist. Und noch etwas – du darfst mit keinem fremden Mann sprechen und niemand zu dir in die Wohnung nehmen."

„Weshalb?"

„Hier ist alles anders. Du mußt vorsichtig sein. Ich werde auf dich aufpassen, so gut ich kann, aber es ist mir nicht möglich, immer in deiner Nähe zu sein. Wenn du Hilfe brauchst, weißt du, wo ich zu finden bin." Er drückte mir die Zeitung in die Hand und stand auf. „Jetzt gehe ich."

„Willst du nicht noch bleiben?" bat ich.

Flint schüttelte den Kopf. „Nein, ich muß noch einiges erledigen. Alles wird gut gehen! In ein paar Tagen komme ich wieder vorbei", sagte er im Weggehen. „Und vergiß nie, deine Tür abzuschließen!" warnte er, als er sie ins Schloß warf.

Ich vergewisserte mich, daß sie auch wirklich zu war. „Alle sagen, ich brauchte keine Angst zu haben, es würde alles gutgehen. Aber ich glaube, sie sind genausowenig davon überzeugt wie ich", murmelte ich vor mich hin, als ich in die Küche ging, um mein Abendessen zuzubereiten.

Als ich am nächsten Morgen aufstand, war ich voller Angst. Ich mußte mir eine Stelle suchen und wußte nicht, wohin ich gehen und was ich sagen sollte, wenn ich dort war. Ich zog mein gutes Kleid an – das einzige, das ich besaß –, schlüpfte in die Mokassins und bürstete mein Haar. Dann nahm ich die Zeitung zur Hand, die Flint mir dagelassen hatte, und machte mich auf den Weg.

Ich mußte an 16 Häuserblocks vorbei, um an die

erste Adresse zu gelangen. Ich war kaum eingetreten, als man mir erklärte, die Stelle sei bereits vergeben. Drei Blocks weiter wurde auch jemand gesucht. Hier ging es etwas besser. Ich durfte wenigstens den Bewerbungsbogen ausfüllen. Das dauerte nicht lange. Ich hatte nichts weiter einzutragen als Name, Adresse und Alter. Mein Alter war eine Lüge. Wenn man keine Schulen und keine Referenzen einzutragen hat, sieht das Blatt ziemlich leer aus.

Den ganzen Vormittag verbrachte ich damit, von Stelle zu Stelle, von Geschäft zu Geschäft zu laufen, Bewerbungsbogen auszufüllen und die Leute zu beobachten, die ihre Stirn runzelten, wenn sie meinen Namen, Schrei im Wind, lasen.

Im nächsten Büro warf mir die Personalchefin einen eisigen Blick über den Rand ihrer Brille zu und fragte: „Wer hat dich hierher geschickt? Das Arbeitsamt oder wer sonst?“

Ich schüttelte den Kopf. Ich hatte nicht die leiseste Ahnung, wovon sie sprach.

Sie warf meine Bewerbung auf ihren Schreibtisch, als ob sie sich sonst schmutzig machte, stemmte die Arme in die Hüften und erklärte: „Du kannst gleich wieder zu denen zurückgehen, die dich hergeschickt haben, und ihnen sagen, daß wir unser Soll schon erfüllt haben. Wir wollen niemand mehr von euch – von diesem Volk!“

Mit „Volk“, dachte ich, waren wohl wir Indianer gemeint. Irgend etwas mußte an uns nicht in Ordnung sein.

Das elfte Geschäft, das ich aufsuchte, war ein großes Warenhaus. In der Haushaltsabteilung war die Stelle einer Verkäuferin noch frei. Der Mann, der mit mir sprach, dachte wohl, ich sei imstande, Töpfe, Pfannen und Büchsenöffner zu verkaufen, deshalb sagte er, ich könne die Arbeit haben und am nächsten Tag anfangen. Ich bekäme 35 Dollar in der Woche.

Ich griff mit beiden Händen zu. Ich glaubte nicht, daß ich noch mehr Bewerbungsbogen hätte ausfüllen können. Ich war erschöpft vom stundenlangen Herumlaufen in der ganzen Stadt. Nun war ich bereit, jede Arbeit anzunehmen. Flint würde erleichtert sein, daß ich Arbeit hatte und mich selbst erhalten konnte.

Fünfundzwanzig Häuserblocks lagen zwischen meiner Wohnung und meinem Arbeitsplatz, aber ich war so stolz darauf, eine Stelle gefunden zu haben, daß ich das überhaupt nicht beachtete.

Am ersten Arbeitstag war ich wie betäubt. Ich war überzeugt, ich würde etwas falsch machen und hinausgeworfen werden. Ich wagte es kaum, die Arbeit anzutreten. Aber da ich wußte, daß ich das Geld bitter nötig hatte, biß ich die Zähne zusammen und ging hin. Irgendwie kam ich durch den Vormittag. Dann schickte mich mein Chef zum Mittagessen.

„Wo ist die Kantine?“ fragte ich.

„Oben.“ Er machte eine Kopfbewegung, ohne mich anzusehen.

In der Ecke des Zimmers war eine Treppe. Ich stieg hinauf. Droben waren zwei Türen. Auf der einen hing eine rote Tafel mit der Aufschrift „Eintritt verboten“, deshalb öffnete ich leise die andere Tür. Sie führte in einen großen, dunklen Raum, in dem überall Kisten herumstanden. Es war staubig und unordentlich. Das konnte nicht die Kantine sein. Es mußte noch eine andere Tür geben. Ich arbeitete mich durch die Kisten und Schachteln hindurch bis ans andere Ende.

Anstatt einer Tür entdeckte ich dort einen Haufen alter, zerbrochener Kleiderpuppen. Arme, Beine und Köpfe lagen auf einem großen Haufen beieinander, und an der Wand waren noch mehr Köpfe aufgereiht. Ich wußte, daß sie aus Gips waren, aber es schien mir, als würden mich ihre aufgemalten Augen anschauen. Ich drehte mich um und wollte so schnell wie möglich wieder hinauskommen. Ich hatte Angst, daß irgendeine Macht die Arme und Beine zu einem Riesenwesen zusammenfügen könnte, das mich aus dem Haus jagte. Ich eilte durch den finsteren Raum, ohne mich noch einmal umzudrehen.

Ich weiß, daß es töricht war. Schließlich war ich schon fünfzehn, alt genug, um auf eigenen Füßen zu stehen. Weshalb hatte ich immer solche Angst?

Hinter der Tür mit der Aufschrift „Eintritt verboten“ hörte ich Stimmengewirr. Schnell öffnete ich und sah etwa ein Dutzend Frauen um einen langen Tisch sitzen. Sie aßen ihr Mittagessen. Ich ging hinein und versuchte zu lächeln. Aber es wurde nur eine Grimasse daraus. Einige der Frauen sahen mich an und nickten, aber die meisten nahmen keine Notiz von mir, sondern aßen und unterhielten sich unbekümmert weiter.

Ich holte mir einen Stuhl aus der Ecke und stellte meine armselige, schäbige Tasche auf den Tisch. Dann blickte ich mich verstohlen um und sah, daß die anderen hübsche, farbige Taschen mit Blumenmustern hatten. Verschämt nahm ich meine Tasche vom Tisch weg und behielt sie auf dem Schoß.

Ich hatte ein Sandwich mit einem Spiegelei mit. Mein Hunger war groß. Als ich in das Sandwich biß, merkte ich, daß das Ei viel zu weich war. Das Dotter war kalt und flüssig und tropfte auf meinen Rock. Ich war überzeugt, daß alle nur auf mich blickten, und wagte nicht, den Kopf zu heben. Ich biß einige Male ab, aber ich bekam das halbrohe Ei nur mühsam hinunter. Ich gab es auf, wickelte das Sandwich wieder ein, stopfte es in meine jämmerliche Tasche und warf alles in den Abfalleimer. Dann verließ ich die Kantine.

Ich kam mir wie der größte Dummkopf vor. Ich fragte mich, ob irgend jemand ahnte, daß ich durch die falsche Tür gegangen war und mich im Magazin verirrt hatte. Ich und verirrt! Ich, die ich kilometerweit in die dichtesten Wälder gegangen war und jeden Felsen und jeden Baumstrunk behalten konnte. Niemals hatte ich mich verirrt. Aber hier, in einem einfachen Gebäude, hatte ich den Kopf verloren und mich verlaufen. Daheim im Wald hätte ich eine Vogelfeder im Umkreis von einem Kilometer gefunden. Hier in der Stadt war ich nicht imstande, die Kantine zu finden, die nur einen Stock höher lag.

*

Meine Kleidung war wie die der anderen – etwas altmodisch vielleicht, aber nicht so, daß ich etwa komisch aussah. Ich trug Baumwollröcke, die nur um weniges länger als die der anderen Mädchen waren, mit langärmligen Baumwollblusen. Mit Stolz trug ich meine Mokassins. Ich hatte sie selbst gemacht – aus dem Fell eines Elchs, den meine Onkel gejagt hatten. Sorgfältig hatte ich sie zusammengenäht und für den Verschluß Lederriemen und Silberspangen verwendet. Sie waren weich und bequem. Kilometerweit konnte ich darin laufen, ohne daß meine Füße müde wurden. Die Mokassins hörte man nicht auf dem Pflaster der Stadt. Es war tröstlich, sie an meinen Füßen zu sehen und mir vorzustellen, ich sei immer noch daheim und wanderte durch den Wald. Ja, meine Kleider sahen ein wenig anders aus, aber es machte mir auch nichts aus, etwas anders zu sein.

Hier arbeitete auch ein Mädchen, das Betty hieß und reizend aussah. Sie trug teure Kleider, die ausgezeichnet paßten. Immer, wenn sie in der Nähe war, stellte ich fest, daß meine Blusen zu groß und meine Röcke zu lang waren. Locken umrahmten Bettys Gesicht. Ich gab mir alle erdenkliche Mühe, so auszusehen wie sie. Aber ganz gleich, was ich auch mit meinem Haar versuchte, es hing doch jeden Morgen glatt über meinen Rücken hinunter. Nach einigen schlaflosen Nächten mit Lockenwicklern und Nadeln im Haar gab ich meine Verschönerungsversuche auf und ließ mein Haar fallen, wie es wollte.

Betty trug hohe Stöckelschuhe, die jedesmal klapperten, wenn sie herumging. Meine Elchhaut-Mokassins dagegen hörte man nicht. Plötzlich schienen mir meine Mokassins, auf die ich doch so stolz gewesen war, völlig fehl am Platz.

Eines Tages betrachtete ein Kunde meine Füße

und lachte. Ich wurde zornig und verlegen. In der Mittagspause lief ich hinaus und kaufte mir schwarze, glänzende Schuhe mit hohen Absätzen, die ebenso hoch waren wie die der anderen Mädchen. Von da an klapperte auch ich durch den Laden, und kein Mensch lachte mehr über meine Schuhe. Abends, wenn ich nach einem langen Achtstundentag auf hohen Stöckelschuhen nach Hause kam, warf ich die unbequemen Dinger in eine Ecke und zog meine weichen, bequemen Mokassins an.

Eines Tages kam ein Indianerjunge meines Alters vom Stamm der Irokesen in das Geschäft. Ich war glücklich, jemand aus meinem Volk zu sehen. Wir sprachen miteinander, aber seine Worte und sein Benehmen zeigten, daß er ein „Apfel" war, wie die Indianer Leute nannten, die außen rot und innen weiß waren, Leute also, die Indianer waren und Weiße sein wollten. Manchmal hatte ich das Gefühl, ich sei gerade das Gegenteil – außen weiß und innen rot. Ich fragte mich, ob es eine ähnliche Frucht gab, nach der ich mich nennen könnte.

Betty war nett zu mir und schenkte mir sogar ein paar Kleider, die sie nicht mehr tragen wollte, aber ich sah darin nie so hübsch aus wie sie. Was kann denn aus fünfzig Kilo Haut und Knochen Schöneres werden?

*

Wochen waren vergangen. Ich lag im Bett und starrte zur Decke empor. Ich hörte den Wasserhahn im Badezimmer tropfen, aber ich konnte mich nicht entschließen, aufzustehen und ihn zuzudrehen. Ein wenig später würde ich es tun. Ich drehte mich auf die andere Seite.

Da fiel mein Blick auf das Telefon. Seit sechs Monaten wohnte ich hier und hatte es nie benutzt. Ich hatte nie jemanden angerufen und auch nie einen Anruf erhalten.

Ich stieg aus dem Bett, kniete mich auf den Boden und holte das Telefon unter dem Stuhl hervor. Es war voll Staub, und ich wischte es ab. Das Telefon gehörte zur Wohnung wie alles andere. Ich hatte es nie beachtet. Es war mir nur immer im Weg, wenn ich ein Buch oder ein Glas Wasser auf den Nachttisch stellte. Darum hatte ich es unter den Stuhl geschoben und vergessen. Jetzt wollte ich jemand anrufen. Betty! Ich konnte Betty anrufen.

Ich zog das Telefonbuch aus der Schublade und suchte unter Woodard. Es gab eine Menge Leute, die Woodard hießen, aber eine Betty Woodard war nicht darunter.

Ich klappte das Telefonbuch zu und öffnete es wieder. Es mußte doch jemanden in der Stadt geben, den ich anrufen konnte. Flint hatte kein Telefon, aber vielleicht gab es jemand anders, mit dem ich sprechen konnte.

Ich fand die Nummer für Uhrzeit und Wetterprognose und wählte sie sorgfältig. In meinem ganzen Leben hatte ich nur wenige Male ein Telefon benutzt.

„Hallo!“ rief ich, als ich den Klick am anderen Ende hörte. „Können Sie mir sagen –“ Es dauerte ein Weilchen, bis ich verstand, daß es sich nur um ein Tonband handelte, das immer dasselbe wiederholte. Dreimal hörte ich es an: „Es ist 19.30 Uhr, wir wünschen Ihnen einen guten Abend. Wenn Sie eine vertrauenswürdige Bank suchen . . . "

Ich blätterte die gelben Seiten durch. Bei „A" begann ich und fuhr fort, bis ich zum „C" kam, unter dem die Kirchen angeführt waren. Ich hätte nie gedacht, daß es in der Stadt so viele Kirchen gäbe. Ich ließ meine Finger von einem Namen zum anderen gleiten, bis sie bei „Vereinigte Evangelikale Brüderkirche" hielten. Darunter stand noch: „Rev. Glenn O. McPherson, Pastor." Ich las die ganze Seite, aber ich kehrte immer wieder zu der Kirche mit dem sonderbaren Namen zurück. Sie beeindruckte mich mehr als alle anderen. Ich blätterte um und las weiter, aber nach wenigen Augenblicken kam ich zu den Kirchen zurück und suchte jene mit dem sonderbaren Namen heraus.

Vielleicht könnte ich diese Kirche anrufen, dachte ich. Ich könnte diesen Mann namens McPherson ja etwas fragen. Dann hätte ich einen Menschen, mit dem ich sprechen konnte, nicht nur ein Tonband. Wenn ich wollte, konnte ich ja aufhängen. Ich konnte mich auch unter einem falschen Namen vorstellen oder irgendeine Frage stellen, vielleicht über seine Kirche. Ich wählte die Nummer. Ein Klingelzeichen ertönte – einmal, zweimal.

„Hallo, hier spricht Reverend McPherson."

Mein Mund war wie ausgetrocknet. Was nun? Vielleicht sollte ich einfach aufhängen.

„Kann ich Ihnen helfen?" erkundigte sich eine warme Stimme.

„Ich – ich – ich wollte nur etwas über Ihre Kirche wissen. Ja, über Ihre Kirche. Ob – ob – wie sie ist und – ich meine, was machen Sie dort?" Wie dumm das klang! Das hätte ich nie tun dürfen. Was war heute bloß in mich gefahren?

„Wir beten Gott an und dienen ihm, so gut wir können." Er schwieg einen Augenblick. „Wenn Sie mir genau sagten, was Sie wissen möchten, könnte ich Ihnen besser Auskunft geben."

„Ich habe eigentlich gar keine Frage", platzte ich heraus. „Ich bin fremd hier. Ich habe nur eben Ihren Namen im Telefonbuch gesehen und –" Mein Gesicht glühte. Warum nur hängte ich nicht einfach auf?

„Wenn Sie einmal unseren Gottesdienst besuchen wollen, sind Sie herzlich willkommen", sagte die freundliche Stimme.

„Nein, nein, ich glaube nicht! Ich kenne dort niemanden. Macht nichts. Es tut mir leid, daß ich Sie belästigt habe."

„Warten Sie! Hängen Sie noch nicht auf. Ich könnte Ihnen ein paar Bücher über unsere Kirche geben. Sie dürfen sie in Ruhe lesen und sich dann entscheiden, ob Sie einmal kommen wollen oder nicht. Ich könnte sie Ihnen per Post zustellen."

Das war eine gute Idee. Ich erhielt Post und konnte dieses unangenehme Gespräch beenden. „Gut! Mein Name ist Schrei im Wind." Dann gab ich meine Adresse an.

„Oh, Sie wohnen ja ganz in der Nähe! Nur vier Blocks von der Kirche! In unserer Straße!"

Ich erschrak. Deshalb war mir der Name dieser Kirche aufgefallen und bekannt vorgekommen! An dieser kleinen Backsteinkirche ging ich Tag für Tag vorüber, wenn ich zur Arbeit mußte. Das war ja entsetzlich!

„Ich sollte noch schnell einen Besuch machen. Wenn es Ihnen recht ist, kann ich Ihnen die Bücher bringen. Dann haben Sie sie heute abend schon", sagte er.

„Okay", antwortete ich leise. Eigentlich hätte ich ihm sagen können, ich wäre heute nicht zu Hause, aber ich hatte nicht schnell genug überlegt.

Ich legte den Hörer auf und stellte das Telefon wieder unter den Stuhl. Mochte es dort bleiben! Mein erster und einziger Anruf hier hatte mich ja in eine schöne Situation gebracht! Was sollte ich jetzt tun? Ich lief zum Schrank und holte meinen Mantel heraus. Ich könnte einen Spaziergang machen und gerade fort sein, wenn er kam.

Dann überlegte ich. Wahrscheinlich würde er ein anderes Mal wiederkommen, und das käme aufs gleiche heraus. Es war besser, die Sache jetzt auszulöffeln. Ich hängte den Mantel wieder in den Schrank.

Kurze Zeit später hörte ich draußen Schritte. Jemand klopfte an die Tür des Nachbarhauses. Weder rechts noch links von mir wohnte jemand, also konnte es nur Reverend McPherson sein, der mich suchte. Nun klopfte es an meiner Tür, und ich sprang auf.

Die Tür schien mindestens eine Tonne zu wiegen, als ich sie zögernd öffnete. Ein kleiner Mann mit Brille stand vor mir.

„Ich bin Reverend McPherson."

Ich nickte. „Treten Sie ein." Schon wieder ein Fehler! Ich hätte ihn gar nicht hereinbitten dürfen. Ich setzte mich auf die Kante der Couch, und er nahm auf dem Stuhl gegenüber Platz.

„Ich will Ihre kostbare Zeit nicht zu lange in Anspruch nehmen. Sie haben sich für diesen schönen Abend sicher schon etwas vorgenommen?“ Er lächelte.

„Nein, ich habe gar nichts vor.“ Schon wieder ein Fehler! Ich hätte sagen sollen, daß ich bald wegginge; dann würde er wenigstens nicht lange bleiben. Ich machte doch alles verkehrt!

„Ich habe Ihnen einiges mitgebracht, das Ihnen irgendwie helfen könnte“, sagte er und legte eine Handvoll Schriften auf den Tisch. „Ich will versuchen, Ihre Fragen zu beantworten, wenn Sie welche haben.“

Ich preßte die Hände zusammen und starrte ihn an. Er schaute verlegen vor sich hin, aber ich glaube, es war meinetwegen. Ich tat ihm leid. Er mußte fühlen, wie verlassen ich war.

„Wie alt sind Sie?“

„Achtzehn.“

„Sie sehen nicht wie achtzehn aus. Sie sind doch noch nicht verheiratet?“

„Nein.“

„Gut. Nun, ich wollte damit sagen, daß man mit achtzehn Jahren noch sehr jung ist.“ Er sah sich unauffällig im Zimmer um. „Haben Sie eine Freundin oder eine Verwandte, die hier mit Ihnen wohnt?“

„Nein.“

„Sie sind nicht aus dieser Gegend?“ Er wußte bereits die Antwort.

„Nein, ich bin erst vor einigen Monaten hierher gekommen.“ Ich wußte, daß diese Auskunft nicht genügte, darum fügte ich hinzu: „Ich arbeite bei Hawkins.“

„Oh, meine Frau geht manchmal dorthin. Arbeiten Sie gern dort?"

„Ach ja, es geht."

Er drehte den Hut in seinen Händen, und für einen Augenblick war es bedrückend still im Zimmer.

„Wer ist Ihr Gott?" fragte ich, und meine Stimme klang fremd und schien von weither zu kommen, so, als habe sie gar nichts mit mir zu tun. Ich konnte es nicht glauben, daß ich die Frage gestellt haben sollte. Sie kam gewiß nicht von mir!

Er lächelte. „Eine wichtige Frage. Ich könnte Ihnen eine Menge nichtssagender Antworten geben oder die Ansichten großer Theologen erklären, aber ich glaube nicht, daß Sie das interessiert. Für mich ist Gott der Schöpfer aller Dinge. Er schuf den Menschen. Aber der Mensch geriet in Sünde. Gott liebte den Menschen so sehr, daß er seinen Sohn als Sühnopfer gab, damit wir Menschen von der Sünde frei werden und das ewige Leben erhalten konnten. Ich glaube noch viel mehr, aber das ist das Wesentlichste. Und Sie haben das sicher schon viele Male gehört."

Ich schüttelte den Kopf. „Nein, das habe ich noch nie gehört."

„Haben Sie schon die Bibel gelesen?"

„Ich habe keine. Ich habe sie nie gelesen. Die Bibel ist etwas für Kirchenbesucher."

„Die Bibel ist für alle Menschen geschrieben. Ich werde Ihnen eine geben. Ich habe jetzt keine mit, aber ich werde Ihnen eine bringen oder schicken. In welche Kirche sind Sie bis jetzt gegangen?"

Ich schluckte. „Ich war noch nie in einer Kirche."

Er konnte seine Überraschung nicht verbergen. „Ach so!“ Einen Augenblick schwieg er, dann fragte er sanft: „Ich möchte Sie nicht in Verlegenheit bringen oder in Sie dringen, aber – wollen Sie mir nicht sagen, woran Sie glauben? Dann könnten wir vielleicht von dort ausgehen.“

Ich holte tief Luft und wies auf meine Zeichnungen, die hinter ihm an der Wand hingen.

Er drehte sich um und betrachtete die Entwürfe der verschiedenen Indianergötter und die Zeichen, die ihre Geschichte erzählten.

„Ich bin –“ Ich wollte das Wort „Mischling“ nicht aussprechen. „Ich bin Halb-Indianerin. Meine Großmutter hat mir von den alten Religionen erzählt. Ich glaube an die alten Götter. Ich glaube an den Wind.“ Ich biß die Zähne zusammen und wartete darauf, daß er mich auslachte. Aber er tat es nicht. Langsam wich die Spannung von mir.

„Darüber weiß ich leider sehr wenig“, sagte er. „Ich dachte, die Indianer glaubten an den Großen Geist.“

Ich erzählte ihm einiges über unsere alte Religion.

„Ich hatte mich manchmal über gewisse indianische Sitten gewundert. Einige sind für uns unverständlich.“ Dann fügte er hinzu: „Ich glaube, daß einige unserer Bräuche auch Ihnen merkwürdig vorkommen.“

„Ja, darüber erzählt man sich sogar eine Geschichte. Ein weißer Mann ging zu einem Kickapoo-Begräbnis und sah, daß die Indianer Nahrungsmittel ins Grab legten. Der weiße Mann fragte, wann der tote Indianer denn das alles essen sollte. Ein Kickapoo dachte einen Augenblick darüber nach. Dann fragte er den weißen Mann: 'Legt ihr nicht Blumen auf das Grab eurer Toten?' Der weiße Mann antwortete: 'Ja.' Da entgegnete der Indianer: 'Nun denn, wenn der tote weiße Mann an den Blumen riecht, dann ißt der tote Indianer seine Mahlzeit.'"

Der Reverend lachte – aber nicht über mich, sondern über diese Anekdote. Er sagte nicht mehr viel, blieb auch nicht mehr lange. Er müsse gehen und noch andere Leute besuchen, sagte er und lud mich noch in seine Kirche ein.

Ich war froh, daß ich so glimpflich davongekommen war. Es war nett von ihm gewesen, daß er mich weder in Verlegenheit brachte noch bekehren wollte. Er war sicherlich ein recht netter Mensch. Aber eines war sicher: Ich hatte meine Lektion gelernt. Nie wieder würde ich das Telefon benützen! Dieses kleine Ding konnte einen ja in die größten Schwierigkeiten bringen!

7

Als Flint merkte, daß ich ihn in keiner Art und Weise belästigte, kam er öfter zu mir. Wir waren einander nähergekommen als je zuvor. Da ich keine anderen Verwandten oder Freunde in der Stadt hatte, freute ich mich auf seine Besuche. Ich war immer enttäuscht, wenn er an einem Abend nicht kam.

Als er das nächste Mal auftauchte, brachte er schlechte Nachrichten. „Onkel Pascal ist tot", sagte er einfach.

„Tot?" Ich versuchte, an unsere letzte Begegnung zu denken. Das war, als Großmutter gestorben war. „Ich wußte gar nicht, daß ihm etwas fehlte."

„Ihm fehlte nichts." Flint zögerte. Dann erzählte er mir, was geschehen war. Pascal war bei einem Freund eingeladen gewesen. Nach dem Essen spielte er mit den Kindern, bevor sie zu Bett gingen. Dann blieb er noch bei den anderen sitzen und plauderte etwa eine Stunde. Nichts Besonderes. Er erzählte nur, daß viele seiner Freunde nicht mehr da wären und er sich oft einsam gefühlt habe. Gegen zehn Uhr abends verließ er seinen Freund und ging nach Hause. Etwa eine Stunde später schoß er sich eine Kugel durch den Kopf.

Flint war barmherzig und ersparte mir nähere Einzelheiten. Trotzdem stiegen einige häßliche Bilder in mir hoch. „Weshalb hat er das getan?" fragte ich.

„Er war einsam.“ Flint warf sich in einen Stuhl. „Wir sind alle einsam.“

„Ja“, flüsterte ich. Sogar jetzt hing die Einsamkeit wie Nebel in der Luft. Flint und ich waren zusammen, und doch waren wir die einsamsten Leute.

Lange saßen wir beisammen und hörten auf das Heulen des Sturmes. Ich dachte an Onkel Pascal. Ich erinnerte mich nur undeutlich an ihn. Ich wußte kaum mehr, wie er ausgesehen hatte, und nun war er nicht mehr da. Ich würde ihn nie wieder sehen, und, was noch schlimmer war: Er würde mir kaum fehlen.

Ich blickte auf Flint und war überrascht, ihn so verstört zu sehen. Er hatte einen Bruder verloren. Die beiden waren eng verbunden gewesen. Beide waren Junggesellen. Vielleicht dachte Flint, sie hätten viel Gemeinsames gehabt, und fragte sich, ob auch er so tragisch enden würde.

Plötzlich trafen sich unsere Blicke. Er warf mir ein gequältes Lächeln zu. „Weißt du, was ich jetzt mache, Schrei?“ Er stand auf.

„Nein. Was denn?“ fragte ich beiläufig.

„Ich gehe aus und betrinke mich. Ich trinke, wie ich noch nie in meinem Leben getrunken habe, und dann –“ Er brach ab.

„Und dann?“ Ich stand auf und ging zur Tür – nicht, um ihn hinauszulassen, sondern um ihm den Weg zu versperren.

„Nichts“, antwortete er. Er ging um mich herum, legte die Hand auf die Klinke und sah mich an. „Er hatte recht.“

„Wer hatte recht?“ Ich hatte Angst vor seiner Antwort.

„Pascal hatte recht.“ Flints Stimme brach, und ich wußte, daß ich ihn nicht allein fortlassen durfte, wenn ich ihn je wiedersehen wollte.

„Ich komme mit, Flint“, sagte ich und schlüpfte in den Mantel. „Ich will jetzt nicht allein sein.“ Das stimmte. Ich wollte nicht allein sein – und ich wollte Flint auch nicht allein lassen.

„Warum nicht? Ich fahre nicht weit.“ Er fuhr bis zum nächsten Schnapsladen, ließ mich im Wagen sitzen und ging hinein. Mit einigen Schnapsflaschen kam er zurück. Dann fuhren wir zurück zu meiner Wohnung, und er drückte mir eine der Flaschen in die Hand. „Da, Kleine.“

„Geh nicht weg, Flint, bitte! Komm noch zu mir herein.“ Ich nahm die Flaschen und öffnete die Wagentür. „Du kannst genausogut bei mir trinken, und hier ist es schön und warm.“ In dieser trüben Stimmung wollte ich ihn nicht allein lassen.

Bevor er nein sagen konnte, lief ich ins Haus und nahm die Flaschen mit. Er schien alle Energie verloren zu haben und folgte mir willenlos.

Flint machte die erste Flasche auf, schenkte ein Glas ein und reichte es mir. Die Flasche behielt er und streckte sich damit auf der Couch aus. „Etwas für den unnützen Krieger!“ rief er und goß den Schnaps hinunter, als wollte er sich damit ertränken.

Früher hatte ich meine Onkel und Großvater so unbeherrscht trinken sehen. Für viele Indianer gehörte der Schnaps zum Leben. Die Geschichten vom „roten Mann und seinem Feuerwasser“ hatten schon ihre Berechtigung. Der weiße Mann trinkt, weil er gern in Gesellschaft ist, der rote Mann, um sich zu betrinken. Er trinkt, um zu vergessen, daß er keine Heimat hat, um zu vergessen, daß er nur ein Relikt aus der Vergangenheit ist. Die beiden größten Mörder der Indianer sind Alkohol und Selbstmord. Heute abend waren hier die besten Voraussetzungen dafür gegeben.

Ich nippte an meinem Glas und blinzelte mit den Augen, denn der Schnaps brannte wie Feuer in meiner Kehle. Ich wußte, daß ich eigentlich nicht trinken sollte, aber ich schob diesen Gedanken weit von mir. Warum sollte ich nicht trinken? Warum nicht? Was machte es für einen Unterschied? Wen ging das überhaupt etwas an?

Als ich mein Glas geleert hatte, war Flint mit seiner Flasche zu Ende. Beide wiegten wir uns in der falschen Sicherheit, die der Alkohol gibt. Unser Verstand war umnebelt. Flint redete drauflos, und ich lachte über alles, ob es nun zum Lachen war oder nicht. Der Schnaps schien die Zeit aufzuhalten, und anstatt der Gegenwart zu entfliehen, blieben wir in ihr gefangen.

Meine Zunge wurde schwer, und der Kopf schmerzte. Ich war müde. „Ich gehe zu Bett, Flint“, murmelte ich schlaftrunken.

„Gut, Kleine. Ich gehe weg.“ Er packte die letzte Flasche und ging zur Tür. Aber bevor er sie erreichte, stolperte er über einen Stuhl und fiel der Länge nach auf den Boden.

Wir lachten, bis uns der Bauch weh tat.

„Bleib lieber hier! Du kannst auf der Couch schlafen. Ich hole dir einige Decken.“ Ich wankte auf den Schrank zu.

Unterdessen war Flint eingeschlafen. Er blieb wie

ein Sack liegen – so, wie er hingefallen war. In einer Hand hielt er noch krampfhaft die ungeöffnete Flasche fest.

Ich versuchte nicht, ihn zu wecken. Ich breitete die Decke über ihn und ließ ihn auf dem Boden liegen.

Erst spät am Morgen erwachte ich. Noch bevor ich aufstand, war mir klar, daß ich einen furchtbaren Fehler begangen hatte. Mein Kopf schmerzte, die Augen brannten, und es war mir übel. Ich hatte einen richtigen Kater. Eine Stunde blieb ich noch im Bett, bevor ich aufstehen konnte. Ich hoffte, daß man mich nicht entlassen würde, weil ich nicht zur Arbeit kam. Ich würde ihnen sagen, daß ich krank sei. Es stimmte ja, denn bei keiner Krankheit der Welt hätte ich mich elender fühlen können als heute.

Wankend ging ich zu Flint, der immer noch auf dem Boden lag und schlief. Es sah nicht aus, als ob er sich in der Nacht bewegt hätte, aber dann sah ich, daß die Flasche leer war und neben ihm lag. Irgendwann in der Nacht mußte er aufgewacht sein, die letzte Flasche geleert haben und wieder eingeschlafen sein.

Ich ließ ihn liegen. Er mußte seinen Rausch ausschlafen. Außerdem wollte ich jetzt mit niemandem sprechen. Ich glaubte, nicht einmal die Zunge bewegen zu können. Ich saß da, stützte den Kopf in die Hand und trank bis mittags Kaffee.

Endlich erwachte Flint, setzte sich auf und sah mich an. „Wie geht es dir, Kleine?“ fragte er und griff sich sachte an den Kopf.

„Schrecklich!“

„Ja. Aber es war doch schön, nicht wahr?“ Flint warf mir wieder ein schiefes Lächeln zu.

Ich gab keine Antwort. Mir hatte es nicht gefallen. Ich war immer noch einsam und voller Angst. Und ihm ging es ebenso. Wir waren beide krank.

„Ich werde nie mehr trinken“, sagte ich und reichte Flint eine Tasse Kaffee.

„Weshalb nicht?“ fragte er und verzog das Gesicht, als er einige Schlucke Kaffee trank.

„Weil es Unsinn ist. Man trinkt die ganze Nacht, und wenn man am nächsten Morgen erwacht, hat sich doch nichts geändert.“

„Nun – es hilft dir, zu vergessen.“

„Ich habe nichts vergessen.“

Flint nahm eine zweite Tasse Kaffee. „Nein“, antwortete er ruhig, „auch ich nicht.“

Wir saßen da und starrten auf die leeren Flaschen auf dem Boden.

„Gibt es nichts Besseres?“ fragte er.

„Ich weiß es nicht. Aber es muß doch etwas geben.“ Mein Kopf tat wieder weh. „Es muß noch etwas anderes geben in diesem Leben, Flint. Sonst – sonst – was hat das alles für einen Sinn?“

„Das ist ja der Witz! Es gibt nichts anderes!“ Flint lachte laut auf. „Pascal hat das herausgefunden.“

Tränen stiegen mir in die Augen. „Flint, warum hat uns niemand lieb?“

Er schluckte hart. „Ich weiß es nicht.“

Ich wischte mit dem Ärmel über die Augen. „Es könnte doch sein, daß irgendwo jemand ist, der uns lieb hat.“

Flint streckte die Hand aus und fuhr mir übers

Haar. „Schon in Ordnung, Kleine. Du und ich, wir beide wollen zusammenhalten und die ganze Welt ins Gleis bringen!“

Ich lachte, obwohl mir gar nicht danach zumute war. „Du hast recht, Flint. Du und ich, wir halten zusammen und bringen die Welt ins rechte Gleis.“

Flint blieb noch etwa eine Stunde. Wir sprachen über das Wetter und die Jagd und hundert andere nichtssagende Dinge. Aber wir waren beschäftigt und mußten deshalb nicht viel denken.

Als Flint wegging, fühlte ich mich bedeutend besser, und er auch. Durch den heutigen Tag würde er kommen, vielleicht durch die ganze Woche. Aber eines Nachts würde er wieder an Pascal denken. Und vielleicht – vielleicht wäre dann niemand in der Nähe, der ihn davon abhielte, sich das Leben zu nehmen.

Was geschieht mit uns, wenn wir sterben? Immer wieder stellte ich mir diese Frage. Ich dachte, ich wäre sie losgeworden, als ich meine Heimat verließ, aber nun kam sie wieder auf mich zu und ließ mir keine Ruhe. Großmutter hatte es nicht gewußt. Pascal hatte es nicht gewußt. Gab es jemand, der darauf eine Antwort hatte? Man kann nicht wissen, wie der Tod ist, bevor man stirbt, und dann ist es zu spät. Ich war niedergeschlagen und mutlos. Wieder hatte der Tod in meiner nächsten Nähe zugeschlagen, und ich fragte mich, ob Flint oder ich sein nächstes Opfer sein würden. Ich wollte nicht sterben, aber ich wollte eigentlich auch nicht leben. Das Leben war nichts Kostbares für mich. Ich war nur unglücklicherweise auf die Welt gekommen. Kurze Zeit würde ich hier sein und wieder verschwinden.

Ich dachte an die Schneeflocken, die so schnell zergingen. Vielleicht schmolz auch ich schon dahin und wußte es nur nicht? Je mehr ich darüber nachdachte, um so sinnloser schien alles, und um so trauriger wurde ich.

Draußen heulte der Wind, und ich ging unruhig auf und ab. Am liebsten wäre ich hinausgelaufen, aber hier in der Stadt gab es keine Berge, zu denen ich mich flüchten konnte. Die Leute würden höchstens denken, ich sei verrückt. Nein, heute abend konnte ich nicht mit dem Wind um die Wette laufen, aber ich konnte wenigstens einen Spaziergang machen.

Ich war bis zum nächsten Block gekommen und fühlte mich bedeutend besser. Es war der erste wirklich warme Frühlingsabend in diesem Jahr. Bald würden andere schöne Abende kommen, aber der erste war immer ein Ereignis. Ich dachte daran, wie Großmutter an solchen Abenden immer hinausging und das Ohr auf den Boden preßte. Sie horchte auf den ersten Pulsschlag von Mutter Erde, nachdem sie aus ihrem langen Winterschlaf erwacht war. Wenn sie sicher war, daß sie diesen Pulsschlag gehört hatte, sagte sie: „Mutter Erde ist erwacht. Bald können wir unseren Garten bepflanzen.“

Die frische Luft gab mir neuen Lebensmut. Nun war ich nur einen einzigen Block von der Kirche entfernt. Ich blieb an der Straßenecke stehen und überlegte, was besser war, zur Kirche zu gehen und Reverend McPherson zu besuchen, oder umzukehren und nach Hause zu gehen. Lange stand ich vor der Verkehrsampel, die mehrmals die Farbe wechselte. Schließlich entschied ich mich dafür, an der

Kirche vorbeizugehen. Wahrscheinlich war er ohnehin nicht dort. Und wenn er dort war, würde sicher irgendein Gottesdienst stattfinden. Ich hatte zwar keine Ahnung, wann und wie diese Gottesdienste waren, aber ich wollte auf keinen Fall etwas damit zu tun haben.

Ein wenig später stand ich vor der Kirche. Alles war dunkel, nur im Studierzimmer brannte Licht. Durch das Fenster konnte ich Reverend McPherson sehen. Er saß an seinem Schreibtisch und las. Er war allein.

Ich ging die Treppe hinauf und ins Haus hinein. Dann klopfte ich an seine Tür.

„Herein!“ rief er. Ich hörte, wie er den Stuhl zurückstieß. Ich öffnete die Tür nur einen Spalt.

Als er mich erkannte, stand er auf und lächelte. „Nur herein! Ich habe gehofft, Sie würden uns einmal besuchen.“

„Haben Sie viel zu tun?“ fragte ich und blieb an der Tür stehen.

„Nein. Kommen Sie nur. Wir könnten uns ein wenig unterhalten. Wie geht es?“ Er setzte sich und schob mir einen Stuhl hin.

Ich setzte mich auf die Kante. „Mein Onkel hat Selbstmord begangen“, sagte ich unvermittelt. Ich war selbst überrascht, denn davon hatte ich ja gar nicht reden wollen.

„Oh – das tut mir leid. Kann ich etwas für Sie tun?“ erkundigte er sich.

„Nein.“ Ich schwieg eine Weile. Dann schaute ich geradewegs in seine Augen und fragte: „Was geschieht, wenn wir sterben?“

„Vieles. Es kommt darauf an, wie wir hier auf

Erden gelebt haben. Ob wir Christus gekannt und was wir damit gemacht haben." Er beugte sich nach vorn.

„Wer ist Christus?" fragte ich. „Sie haben von Gott und von Jesus gesprochen, und nun erzählen Sie noch von Christus. Haben Sie drei Götter?"

Reverend McPherson lächelte. „Es gibt Gott, den Vater und Schöpfer aller Dinge, seinen einzigen Sohn, Jesus Christus, unseren Herrn, und den Heiligen Geist."

„Ja, drei Götter."

„Nein. Wir nennen sie die heilige Dreieinigkeit. Drei Personen in einer."

„Das verstehe ich nicht."

„Es ist nicht leicht zu verstehen. Unser begrenzter menschlicher Verstand kommt da schwer mit, aber wir müssen ja nicht alles bis ins letzte verstehen, um zu glauben. Aber nicht darüber wollte ich heute abend sprechen. Ich möchte Ihre Frage beantworten, was geschieht, wenn ein Mensch stirbt."

„Ich glaube, daß ich das bereits weiß. Wenn wir sterben, sterben wir, und unser Leib verwest", sagte ich. Ich konnte beinahe Großmutters Stimme wieder hören und fragte mich, ob meine Augen denselben ängstlichen Ausdruck hatten wie damals die ihren.

„Wie traurig, wenn es so wäre! Der Mensch ist zu wertvoll, um auf dieselbe hoffnungslose Art zu sterben wie ein Hund. Sehen Sie, der Mensch hat eine Seele, und das ist der große Unterschied. Der Mensch kann zwischen Gut und Böse wählen. Er kann Gott annehmen oder ablehnen. Er kann den Himmel oder die Hölle wählen."

„Das sind nur Worte der Kirche. Sie haben für mich keine Bedeutung. In Wirklichkeit wissen Sie auch nicht, was geschieht, wenn jemand stirbt“, antwortete ich eigensinnig.

„Doch, ich weiß es. Gott wußte, daß der Mensch Angst vor dem Tod hat. Er wußte, daß diese Frage das menschliche Herz beschäftigt, und deshalb hat er uns eine Antwort gegeben. Die gleiche Frage, die Sie mir heute abend stellen, hat vor Tausenden von Jahren ein Mann namens Hiob gestellt. Er schrie in seiner Not: 'Wenn der Mensch stirbt, wird er wieder leben?'“

„Wenn ein Mensch stirbt, wird er nicht wieder lebendig. Der Prophet der Kickapoos sagte, er würde nach seinem Tod wieder auferstehen, aber es war nicht so. Er blieb tot. Tot ist tot“, erklärte ich.

„Das ist ja gerade das Wunder. Der Mensch lebt nicht nur noch einmal, sondern ewig! Unser jetziges Leben ist kurz und voll Angst und Not. Wenn unser späteres Leben ebenso wäre, würde kein Mensch ewig leben wollen. Aber das nächste Leben wird herrlich sein, wenn man Jesus Christus als seinen Herrn angenommen hat. Wir werden an einem wunderschönen Ort sein, den Gott für uns bereitet hat. Dort gibt es weder Tränen noch Tod, sondern Liebe und Freude. Ich finde keine Worte, um meine Freude zu beschreiben, wenn ich an das denke, was vor uns liegt.“ Seine Augen leuchteten.

„Woher wissen Sie das?“

„Die Bibel sagt es“, antwortete er und legte die Hand auf seine abgenutzte Bibel.

„Für mich bedeutet die Bibel nichts. Sie ist ja nur ein Buch.“

Reverend McPherson lehnte sich in seinem Stuhl zurück. „Ja, ich sehe Ihr Problem. Ich nehme es immer als selbstverständlich an, daß die Leute die Bibel als das Wort Gottes akzeptieren. Und ich vergesse immer wieder, daß es unzählige Leute gibt, die noch nie eine Bibel gesehen haben." Er sah mich an. „Haben Sie eine Bibel?"

„Nein." Ich schüttelte den Kopf. „Ich sehe nicht ein, wozu ich eine haben sollte. Haben Sie eine Kriegstrommel?"

Er lachte, und ich auch – zum erstenmal seit einer Woche.

„Nein, ich besitze keine Kriegstrommel, aber ich habe eine Bibel, die ich Ihnen geben kann."

Bevor ich einen Grund finden konnte, weshalb er mir keine schenken sollte, hatte er aus seinem Bücherregal eine Bibel genommen und meinen Namen hineingeschrieben. „Hier, diese Bibel gehört Schrei im Wind." Er gab sie mir.

„Sie hätten meinen Namen nicht hineinschreiben sollen. Vielleicht hätte jemand anders sie gern gehabt."

„Ich habe noch mehr Bibeln, die ich anderen Leuten geben kann. Diese hier ist ein besonderes Exemplar. Sie ist nur für Sie bestimmt."

Ich streckte die Hand aus und nahm sie. Als ich den harten, schwarzen Deckel berührte, hatte ich das Gefühl, als hätte ich einen gewissen Schritt getan, als hätte ich eine Art Verpflichtung übernommen. Ich wußte zwar nicht, wem gegenüber, aber ich wußte, daß sich alles ändern würde, wenn ich die Bibel annahm. Es war zu spät, sie zurückzugeben. Mein Name stand darin.

„Aber was ist mit dem Medizinmann? Solche Leute haben eine große Macht“, sagte ich.

„Ich weiß es. Ich glaube, der Teufel gibt ihnen diese Macht, und deshalb können sie die Leute dazu bringen, Falsches zu glauben.“

„Aber wenn die Christen Macht besitzen und der Teufel anderen Leuten auch Macht gibt, wie kann man hier unterscheiden?“

„Die Macht, die Gott gibt, führt zum Guten, aber die Macht des Teufels führt ins Verderben.“

Wir sprachen noch eine weitere Stunde miteinander. Mir schwirrte der Kopf von all den Worten und Gedanken, die so neu und fremd für mich waren. Irgendwie schien das Geheimnis gelüftet. Aber ich verstand nichts davon.

Es war unterdessen spät geworden. Ich dankte ihm für diese Zeit und das Buch, das er mir geschenkt hatte.

„Werden Sie nicht mutlos, wenn Sie sich in dem, was wir heute besprochen haben, nicht sofort zurechtfinden. Die weisesten Männer dieser Welt sind ratlos, wenn es um Tod und ewiges Leben geht. Das ist wahrscheinlich die tiefgründigste aller Fragen, über die Sie je sprechen und nachdenken werden. Es dauert seine Zeit, bis man es versteht, aber eines Tages werden Sie diese Dinge einordnen und erfassen können.“ Er schüttelte meine Hand. „Denken Sie daran, daß es Antworten gibt und wir Gewißheit darüber haben können, was nach dem Tod sein wird.“

Schweigend öffnete ich die Tür.

„Kommen Sie bald wieder!“ bat er mich.

„Ich denke nicht, daß ich wiederkommen werde.

Ich kann das nicht glauben, was Sie sagen“, antwortete ich.

Ich dachte, daß er zornig würde, aber er sah mich nur traurig an. „Sollten Sie sich anders besinnen, so bin ich immer hier zu finden“, sagte er sanft.

Ich drehte mich um und ging weg. Ich wollte, er hätte mir dieses Buch nicht gegeben, auf dem in Goldbuchstaben „Heilige Schrift“ stand.

Als ich im Dunkeln nach Hause ging, wiederholte ich immer wieder: „Zu dumm! Welch große Dummheit von mir, dorthin zu gehen!“ Ich war niedergeschlagen, und ein Gefühl grenzenloser Einsamkeit überkam mich. Wie, wenn er doch recht hatte? Wenn es doch ein Leben nach dem Tod gab?

Als ich nach Hause kam, ließ ich die Bibel in einer Schublade verschwinden. Morgen wollte ich sie wegwerfen. Wenn er nur meinen Namen nicht hineingeschrieben hätte!

Es war, als wütete ein loderndes Feuer in mir. Ich wollte am liebsten alles zerstören und gellend schreien. Ich wollte meine Feinde töten, ihre Skalps in meinen Händen halten und dem Himmel zurufen, ich hätte alle Feinde getötet und wäre Sieger. O, hätte ich nur vor hundert Jahren gelebt! Damals war das Leben noch einfach. Wenn man jemand haßte, tötete man ihn. Man wurde nicht bestraft. Man wurde bejubelt, weil man einen Feind besiegt hatte. Wer war mein Feind? Jeder! dachte ich bitter und schleuderte ein Kissen durch das Zimmer.

Die ganze nächste Woche war ich ungenießbar. Ich sprach nur, wenn ich unbedingt mußte. Bei der Arbeit hielt ich mich, wenn irgend möglich, im Hintergrund. Mein Mittagessen aß ich allein im staubigen Magazin, anstatt zusammen mit den anderen in der Kantine. Wenn ich zur Arbeit oder nach Hause ging, schaute ich zu Boden und wollte weder den Himmel noch die Bäume oder sonst etwas um mich sehen. Ich war zornig, aber ich wußte nicht, weshalb.

Als ich am Freitag nachmittag das Geschäft verließ, wartete Flint auf mich. Er lehnte an der Mauer des Gebäudes und sah mich erst, als ich neben ihm stand. Nie zuvor in meinem Leben war ich so glücklich, jemand zu sehen.

„Wartest du auf jemand?“ erkundigte ich mich. Der Zorn und die Niedergeschlagenheit der letzten Tage fielen wie eine Decke von mir ab.

„Ja“, erwiderte er beiläufig und richtete sich hoch auf. „Ich warte auf eine magere, häßliche Kickapoo-Frau. Hast du eine gesehen?“

„Nein. Aber wenn ich einer begegne, werde ich es dich wissen lassen“, lachte ich. „Ich freue mich, dich zu sehen.“

„Ich hatte nichts Besseres zu tun“, sagte er.

Ich blieb dicht an seiner Seite. „Was gibt es Neues?“

„Ich habe von einem Tanzfest westlich der Stadt gehört. Ich dachte, du könntest mit mir kommen, wenn du nichts anderes vorhast.“

Ich versuchte, ruhig zu bleiben und meine Aufregung nicht zu zeigen. „Hm, klingt nicht schlecht. Ich habe nichts Besonderes vor.“ Ich hatte nie etwas vor und war überzeugt, daß Flint das wußte und es nur nicht zeigen wollte.

„Ich lade dich zum Essen ein, und dann fahren wir hin. Ich habe gehört, daß es dort hoch hergeht.

Es ist nur für Vollblut", sagte er und kletterte in den Wagen.

Mit „Vollblut" meinte er, es sei ausschließlich für Indianer; die „Bleichgesichter" hatten keinen Zutritt. Ich war froh, daß er nichts von Mischlingen sagte, denn das betraf mich. Das war nur eine höflichere Form als „Halbblut".

Als wir die lange Hauptstraße hinunterfuhren, beschleunigte Flint immer mehr, bis wir etwa 130 Stundenkilometer fuhren. Er redete und lachte und schien so glücklich wie lange nicht mehr. Bald steckte er mich mit seiner guten Laune an. Ich drehte das Fenster herunter, um die frische Sommerluft hereinzulassen. Ich war nicht mehr müde. Der Wind blies mir neue Kraft zu.

Es war Vollmond, und die Farbe des Navajo war silbern. Es war beinahe taghell. Ich konnte jeden Zaunpfahl neben der Straße, jeden Baum und jedes Pferd sehen.

Ich war glücklich. Es freute mich, daß mich Flint mitgenommen hatte. Ich stieß einen langen Seufzer aus und lehnte mich zurück. So sollte es immer sein: Ich war frei und mit jemandem zusammen, der so war wie ich. Ich brauchte keine neue Religion und keine neue Lebensweise. Hierher gehörte ich, und ich war mit meinen Leuten auf dem Weg zu einem Fest.

Je schneller Flint fuhr, desto mehr Kilometer lagen zwischen mir und meiner leeren Wohnung und Reverend McPherson und seiner Kirche. Wenn Flint nur schnell genug fuhr, konnte ich alles hinter mir zurücklassen, sogar den neuen Gott, von dem ich gehört hatte.

Flint redete immerzu, aber ich hörte nur mit halbem Ohr hin. Ich war gefesselt vom Mondschein, dem Tempo des Wagens und meinen eigenen Gedanken. Ich dachte an jenen besonderen Ritt mit Donnerhuf zurück, und plötzlich übermannten mich wieder die Einsamkeit und der Schmerz des Verlustes in dem Bewußtsein, daß ein Teil meines Lebens für immer vorbei war.

Flint fuhr langsamer und bog in eine enge, schmutzige Straße ein. Ich setzte mich auf und sah mich um.

„Es sind nur noch einige Kilometer", sagte er. Nun sprach er nicht mehr, weil er sich auf die schmale, kurvenreiche Straße konzentrieren mußte.

Ich fühlte, wie die Stimmung dieses Abends dahinschwand, und wollte mich noch an sie klammern. Ich schaute zu Flint hinüber und sah, daß auch sein Lächeln verschwunden war. Ich wünschte, wir hätten die Abzweigung verfehlt. Ich wäre gern stundenlang so weitergefahren. Ich wußte, daß es mir nicht mehr gelingen würde, in die Stimmung von vorher zu kommen, deshalb gab ich den Versuch auf und achtete auf die Straße, die nun eher ein Feldweg war.

Flint stieg hart auf die Bremse. Ich wurde nach vorn geschleudert und konnte mich gerade noch am Armaturenbrett festhalten.

„Was ist los?" Ich sah keinen Grund, weshalb er hier anhielt.

„Dort, die Felsblöcke!" antwortete er und bog scharf nach links ab.

Im Scheinwerferlicht wurden drei Felsblöcke sichtbar, die am Straßenrand aufgetürmt waren.

Kein Mensch hätte sie beachtet – und wenn, so hätte niemand geahnt, daß sie ein Wink waren, die Straße zu verlassen und querfeldein zu fahren, wenn er die geheimnisvolle Zeichensprache nicht kannte.

Wir waren etwa einen Kilometer weit durch Felsblöcke und Büsche gefahren, als wir mehr als ein Dutzend Autos und Lastwagen entdeckten, die im Dickicht abgestellt waren. Die ersten Ankömmlinge hatten eine hufeisenförmige Koppel angelegt, etwas mehr als einen Meter hoch und groß genug für 15 Fahrzeuge. In früheren Zeiten hatte man während des Festes hier die Pferde gelassen. Heute abend diente die Koppel dazu, die Wagen vor den Augen Ungebetener zu verbergen. Keiner war hier willkommen, der nicht zum Fest geladen war.

Vor der Morgendämmerung, nachdem das Fest vorüber war, würden die Leute einer nach dem andern, still und unbemerkt, den Treffpunkt verlassen. Das Feuer würde gelöscht und die Asche vergraben werden. Die Koppel würde wieder verschwinden und bei Sonnenaufgang nichts mehr darauf hindeuten, daß heute abend jemand hier gewesen war. Im Gegensatz zum weißen Mann, der leere Büchsen, Zigarettenstummel und Papier hinterließ, blieb von den Indianern nichts zurück – oft nicht einmal ihre Fußspuren.

Flint stellte den Motor ab. Wir stiegen aus und drückten leise die Türen zu. Er ging voraus, und ich folgte ihm durch das Gestrüpp den steilen Hügel hinauf bis zum Rand der Schlucht.

Zwischen uns und dem Abgrund standen vier Tänzer in einer Linie vor dem Lagerfeuer. Hinter den Tänzern herrschte tiefstes Dunkel, das sich von der Schlucht der Toten bis zum sternenlosen Himmel erstreckte.

Ich folgte Flint und setzte mich neben ihn auf den Boden, wo die anderen Indianer saßen. Die meisten waren in Wolldecken gehüllt. Ich suchte nach einem bekannten Gesicht, konnte aber keines entdecken. An den verschiedenen Decken und Schmuckstücken sah ich, daß drei Stämme vertreten waren.

Ich war so in den Anblick der Indianer versun-

Die Tänzer stießen einen schrillen, angstvollen Schrei aus.

ken, daß ich erschrak, als die Tänzer unvermittelt einen schrillen, angstvollen Schrei ausstießen. Schnell wandte ich mich um und beobachtete die vier, die sich langsam um das Feuer drehten. Jeder Schritt war genau bemessen, und sie tanzten so wie unsere Vorfahren vor tausend Jahren – am gleichen Platz und in der gleichen Art. Ihre schrillen Schreie zu Ehren des Coyoten-Gottes klangen so echt, daß die Präriewölfe aus der Ferne antworteten.

Plötzlich bekam ich eine Gänsehaut. Ich rückte näher zu meinem Onkel. Er reichte mir seine Jacke, die ich eng um die Schultern legte.

Immer schneller drehten sich die Tänzer. Es war, als ob sich mein Pulsschlag dem Rhythmus der Trommel anpaßte. Die indianische Trommel hatte mich schon immer aufgewühlt, aber heute abend hatte sie etwas Bedrohendes, Böses, als ob sie etwas von mir nehmen würde.

Die anderen Indianer hatten in den Gesang eingestimmt und bewegten sich im Rhythmus der Trommel. Es schien, als würden wir alle in Trance versetzt.

Dann entdeckte ich etwas neben den Tänzern. Es war ein feiner, beinahe durchsichtiger Rauch. Zuerst war er kaum zu sehen, dann entwickelte er sich, bis er so hoch war wie ein Mensch. Er drehte und wendete sich wie ein Teufel. Er hatte keine Gestalt, keinen Körper. Ich war zu Tode erschrocken und konnte doch die Augen nicht von ihm wenden. Ich fühlte, daß er böse und gefährlich war. Ich wollte sprechen und mich bewegen, aber ich war wie gelähmt. Als der Tanz zu Ende war, verschwand der weiße Zauber mehr und mehr, bis er schließlich ganz weg war. „Was war denn das?" flüsterte ich Flint zu.

„Was?" Er beugte sich herüber, um mich besser zu verstehen, aber seine Augen starrten noch immer ins Feuer. Er hatte es nicht gesehen, sonst hätte er nicht fragen müssen, wovon ich sprach.

„Nichts. Es war nichts", antwortete ich und betrachtete wieder die Flammen. Ich mußte mir das eingebildet haben. Da war doch nichts gewesen, sonst hätte Flint es auch sehen müssen. Aber weshalb hatte ich ein so eigenartiges Gefühl? Ich war froh, daß ich Flints Jacke übergeworfen hatte, damit er nicht sehen konnte, wie ich zitterte. Ich wünschte, die Tänze hörten auf. Ich wollte nach Hause gehen. Irgend etwas war hier in der Schlucht der Ahnen nicht geheuer.

In den nächsten zwei Stunden wurde weiter getanzt. Ich blieb ruhig sitzen, obwohl ich lieber weggegangen wäre, aber ich wollte Flint nicht vor den Kopf stoßen, sonst würde er mich nie mehr irgendwohin mitnehmen. Ich versuchte, an anderes zu denken, denn ich wollte den weißen Zauber nicht mehr sehen. Ich versuchte mir einzureden, daß ich nur müde war oder vielleicht einen Schatten gesehen hatte, aber es gelang mir nicht. Deshalb vermied ich es, die Tänzer oder das Feuer oder den Abgrund zu betrachten, sondern richtete meine Augen fest auf meine Zehenspitzen und den Boden rings um mich.

Unzählige Male ertappte ich mich dabei, wie ich an Reverend McPherson dachte und mir vorstellte, wie man sich in seiner Kirche fühlte. Dort gab es keine Zaubereien mit Rauch. Nächstes Mal wollte ich ihn fragen, was er darüber dachte. Er würde wissen, was das war. Dann fiel mir ein, daß ich gesagt hatte, ich wolle nie wieder dorthin gehen. Es war ein schwerer Fehler gewesen, daß ich zu dieser Kirche gegangen war und mit ihm gesprochen hatte. Vielleicht sollte der heutige Abend eine Warnung sein, nie wieder vom alten Weg abzuweichen. Ja, so mußte es sein. Ich gehörte hierher. Das war mein Volk, das waren meine Götter, von denen sie sangen. Aber ich hatte nicht das Gefühl, daß ich dazugehörte.

Flint saß bewegungslos da und verlor sich in den Bewegungen der Tänzer und ihrer Gesänge. Er gehörte hierher. Er war ein Teil davon, aber er war nicht glücklich.

Ich sah mich im Kreis um. Niemand lächelte. Die dunklen Gesichter waren wie aus Stein gemeißelt. Ein Indianer hatte wahrscheinlich keinen Grund zum Lächeln.

Der letzte Tanz war zu Ende. Nichts deutete darauf hin, daß auch das Fest vorüber war. Die Tänzer gingen in die Dunkelheit hinein, die Trommel verstummte, und die Leute standen auf und verschwanden ebenfalls ins Dunkel.

Ich erhob mich und bürstete den Staub ab. „Komm, Flint“, sagte ich und nahm seinen Arm. „Es ist vorbei. Gehen wir doch!“

Er stand auf und streckte sich. „Nein, ich bleibe noch“, antwortete er und deutete mit dem Kopf zu einer Baumgruppe.

Ich drehte mich um und erschrak. Zwischen den Bäumen versteckt war ein Tipi*. Dieses Tipi konnte

* Kultzelt

nur bedeuten, daß für heute abend noch eine Peyotezeremonie* vorgesehen war.

Als wir gekommen waren, hatte ich es nicht bemerkt. Es muß während der Tänze schnell aufgestellt worden sein. Flint hatte wahrscheinlich keine Peyotezeremonie hier erwartet, sonst hätte er mich nicht gebeten mitzukommen. Aber jetzt wollte er natürlich daran teilnehmen.

„Bitte, Flint“, bat ich und hielt seinen Arm noch fester.

„Ich bleibe hier“, antwortete er in einem Ton, der keinen Widerspruch duldete. Er zog seinen Arm zurück.

Wir standen bewegungslos da, und keiner sagte ein Wort. Ich blickte zu Boden und bohrte meine Absätze in die weiche Erde.

Flint griff in seinen Hosensack und zog den Wagenschlüssel heraus. „Da, Kleine, nimm den Schlüssel und warte im Auto auf mich. Es dauert nicht mehr lange.“

Ich nahm den Schlüssel und ging zum Wagen. Meine Kehle war wie ausgedörrt, und die Augen brannten. Ich schaute nochmals zurück – in der Hoffnung, daß sich Flint anders besonnen hätte und mir folgen würde. Aber er stand bereits am Eingang des Tipis.

Ich kletterte in den Wagen, nahm den Zündschlüssel und setzte mich ans Steuer. Es geschähe ihm ganz recht, wenn ich einfach davonfahren und ihn hier lassen würde! Aber ich brachte es nicht fer-

* Kult, in dessen Mittelpunkt der sakramentale Gemeinschaftsgenuß der Peyote steht, der Trancezustände bewirkt

tig, Flint zurückzulassen. Er hatte gewußt, daß ich auf ihn warten würde, als er mir den Schlüssel gab.

Ich schlug die Hände vors Gesicht und weinte. Ich weinte, weil ich auf Flint und die ganze Welt böse war. Ich weinte, weil dieser Abend, der so schön begonnen hatte, solch ein Ende nahm. Und wieder war ich allein. Was ich auch tat, und wo ich auch hinging, ich blieb immer allein.

Ich legte mich auf den Sitz und weinte, bis ich die Trommel im Tipi schlagen hörte. Dann setzte ich mich auf, wischte mit dem Ärmel die Tränen weg und beobachtete das Tipi. Rauch stieg auf – die Zeremonie hatte also begonnen. Obwohl ich nie an einer Peyotezeremonie teilnehmen durfte, wußte ich so genau, was sich dort abspielte, als säße ich neben Flint auf dem Boden.

Peyote ist ein Kaktus, der im Südwesten des Landes wächst. Wer davon ißt, wird in eine Traumwelt versetzt, in der er Visionen hat und mit den Geistern reden kann. Für die Indianer verkörpert Peyote die Mutter Erde. Die Sage erzählt, daß vor langer Zeit eine Frau einsam im Sterben lag. Sie hörte eine Stimme, die ihr befahl, eine Pflanze zu essen, die in der Nähe wuchs. Als sie davon aß, kehrten ihre Kräfte zurück, und sie war wieder imstande, den Weg zu ihrem Stamm zurückzufinden. Dort zeigte sie ihren Brüdern, wie man Peyote-Feste feiern müsse. Die meisten Indianer nennen das Peyote-Ritual „Halbmond-Weg". Nichtindianer sollten nicht wissen, wovon die Rede war.

Ich sah die Klappe, die den Eingang zum Tipi verschloß. Für das Fest mußte alles genau vorbereitet werden. Der Eingang lag gegen Osten. Vier Indianer leiteten die Zeremonie. Der Wege-Boß ist der Anführer, dann kommt der Trommler-Boß, der Zedern-Boß und der Feuer-Boß. Zu Beginn steht der Wege-Boß in der Mitte des Tipi, mit dem Gesicht nach Westen, und legt sich dann auf den Boden. Das macht er, um seinen Stolz abzulegen und sich vor Mutter Erde zu demütigen. Dann streckt er die Arme weit aus und zeichnet mit den Fingerspitzen einen Halbmond auf der Erde. Über diesem Halbmond zieht er eine Linie, die Peyote-Weg oder Weg des Lebens genannt wird. Der Wege-Boß sitzt gegenüber dem Eingang, zu seiner Rechten der Trommler. Für das Peyote-Ritual gibt es eine eigene Trommel. Es wird eine gewöhnliche Metalltrommel zu einem Viertel mit Wasser gefüllt und eine nasse Hirschhaut darüber gespannt.

Links vom Wege-Boß sitzt der Zedern-Boß, der während der Zeremonie Zedernzweige auf das heilige Feuer wirft. Der Feuer-Boß sitzt beim Eingang des Tipi, bewacht das Feuer und verwehrt Fremden den Eintritt.

Das heilige Feuer wird in V-Form angelegt, wobei die Öffnung gegen Osten und das geschlossene Ende gegen Westen gerichtet ist. Auch das übrige Holz wird auf besondere Art aufgeschichtet.

Im ganzen Tipi werden Salbeiblätter verstreut. Flint und die anderen Indianer würden auf Haufen von Salbeiblättern sitzen.

Sobald alle ihre Plätze eingenommen haben, wirft der Feuer-Boß Zedernzweige in die Flammen. Man drückt ihm eine Adlerfeder in die Hand, die ihm über jeden Macht gibt, der im Tipi ein und ausgeht.

Alle ziehen die Kleider aus, nur die vier verantwortlichen Männer nicht. Sie reiben ihren Körper mit Salbei ein, um sich zu reinigen. Salbei ist eine alte Heilpflanze, aber auch eine Wunderpflanze, die die bösen Geister vertreiben soll.

Wenn die Peyote-Knospen herumgereicht werden, nimmt jeder der Männer vier davon. Dann nimmt der Wege-Boß „Vater Peyote" aus seinem mit Perlen verzierten Kästchen, hält ihn über den Rauch des heiligen Feuers und legt ihn vor sich hin. Die Peyote-Knospe, die als „Vater" verwendet wird, ist groß und vollkommen in ihrer Form. Manchmal wird ein Altar aus Wildleder oder perlenbestickten Kleidern gemacht und diese Knospe daraufgelegt.

Rings um „Vater Peyote" werden Kultgegenstände gelegt: eine Pfeife aus einem Adlerknochen, ein Salbeizweig, eine Kürbisrassel mit einem perlenbestickten Handgriff (Peyote-Perlenarbeiten sind anders), ein Pfeil und die Peyote-Federn des Wege-Bosses. Er nimmt Adlerfedern, wenn er welche findet, sonst behilft er sich mit präparierten Truthahnfedern.

Dann nimmt der Wege-Boß den Salbeizweig und die Feder in die linke und die Kürbisrassel in die rechte Hand und stimmt ein Peyote-Lied an. Der Trommler-Boß schlägt die Trommel dazu. Jedes Lied wird viermal gesungen. Vier ist eine heilige Zahl für Indianer und symbolisiert die Himmelsrichtungen und Jahreszeiten. Dann läßt der Wege-Boß Kürbis, Federn und Salbeizweige im Kreis herumgehen, und einige Männer singen dazu, wenn sie an der Reihe sind. Wenn jemand nicht singen will, gibt er die Sachen dem nächsten weiter. Ich fragte mich, ob Flint je gesungen hat. Ich bezweifle es. Ich glaubte nicht, daß er aus Begeisterung mitmachte.

Um Mitternacht wurden noch mehr Zedernzweige auf das Feuer geworfen. Das Mitternachtswasserlied wurde viermal wiederholt und ein Eimer Wasser ins Tipi getragen. Nun würden Flint und die anderen die Peyote-Knospen essen und dazu

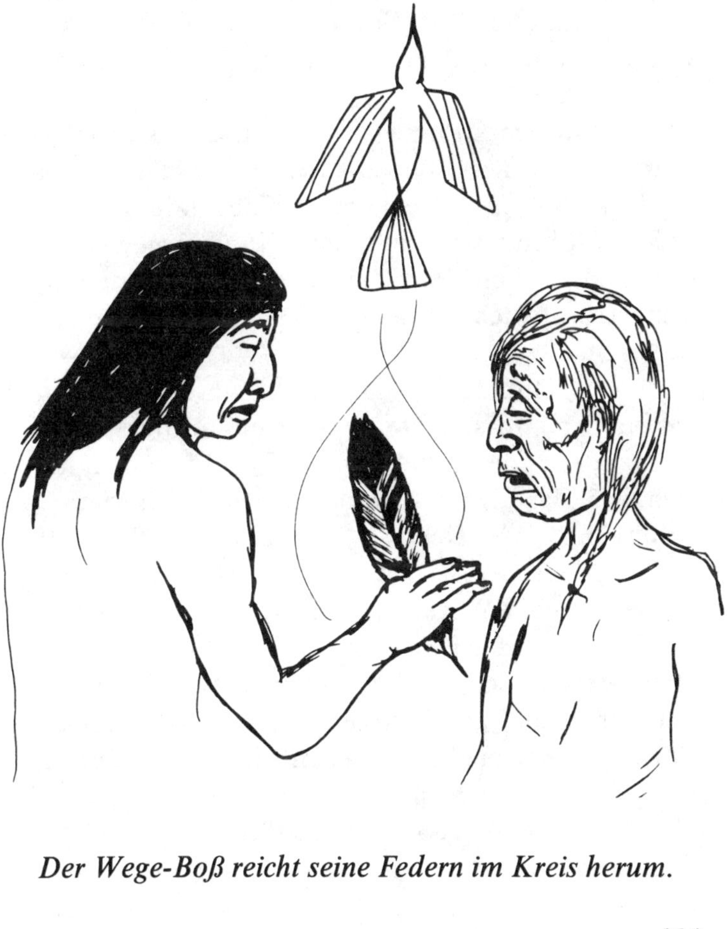

Der Wege-Boß reicht seine Federn im Kreis herum.

das Wasser trinken. Bis zum Morgengrauen würden sie bleiben.

Ich konnte mir genau vorstellen, was Flint tat, aber ich wußte nicht, welche Art von Visionen er hatte. Sie konnten gut oder schlecht sein. Sie mochten über Tod und böse Geister sein, oder sie waren gute Medizin für ihn und konnten ihm Kraft und Hilfe geben.

Ich weiß, daß er schon oft von Peyote Gebrauch gemacht hatte. Er sprach nicht viel darüber, aber es schien, daß jeder, der davon nahm, immer mehr davon brauchte.

Der ständige Trommelschlag und das langweilige Warten im Wagen ließen mich einschlafen. Während der Nacht erwachte ich einige Male. Ich sah, daß der Mond weit über den Himmel gewandert war und es bald Morgen sein mußte. Jedesmal, wenn ich erwachte, war die Trommel noch immer zu hören.

Als der Himmel im Osten hell wurde, erwachte ich wieder und streckte meine steifen Glieder. Ich war müde, hungrig und durstig. Der Rücken tat mir weh, weil das Liegen so unbequem gewesen war.

Ich sah, wie sich die Morgenwasserfrau mit einem Eimer Wasser dem Tipi näherte. Gewöhnlich ist sie mit dem Wege-Boß verwandt. Man bittet sie ins Zelt, um Maishülsen zu rauchen und zu beten. Dann gibt sie jedem einen Schluck Wasser aus ihrem Eimer und geht mit dem Eimer wieder hinaus. Vor dem Tipi bleibt sie stehen und reicht die vier heiligen Nahrungsmittel hinein: Wasser, Korn, Nüsse und Fleisch. Sie weisen auf das Leben der Indianer hin, bevor der weiße Mann auftauchte. Alle im Tipi essen davon. Nachher werden die heiligen Peyote-Gegenstände weggenommen, das Kästchen verschlossen – und die Zeremonie ist vorüber.

Ich schaute zum Eingang des Tipi hinüber und wartete auf Flint. Zwei andere Männer erschienen zuerst. Einer von ihnen legte sich unweit eines Baumes nieder und hielt sich mit beiden Händen am Stamm fest, als ob er dachte, die Erde bebe. Der andere stolperte ein paar Schritte weiter, dann wurde ihm schlecht, und er erbrach sich.

Als Flint auf den Wagen zuwankte, wußte ich, daß er nicht fahren konnte. Ich öffnete die Tür an meiner Seite und rutschte auf den Fahrersitz hinüber. Ich hoffte, er würde nicht erbrechen oder in Ohnmacht fallen. Dreimal probierte er, bis er in den Wagen klettern konnte. Seine Augen waren glasig und rotgerändert, die Lippen geschwollen und aufgesprungen, aber er lächelte und sang vor sich hin. Er merkte kaum, daß ich hier war.

Ich ließ den Motor an und hoffte, daß ich den Weg zur Hauptstraße finden würde. Flint konnte mir in diesem Zustand nicht helfen. Zweimal folgte ich einer falschen Spur und mußte zurück, aber endlich fand ich die Straße und fuhr nach Hause.

Gestern, auf der Hinfahrt, verging die Zeit schnell, und die Strecke schien kurz. Heute, beim grellen Licht der Sonne, war ich müde, und die Straße zog sich endlos dahin. Ein paarmal versuchte ich, mit Flint zu sprechen, aber er hörte und verstand nicht, was ich sagte. Er sang Peyote-Lieder und sprach von wilden Pferden und einem riesigen Vogel. Er war immer noch beim Fest der letzten Nacht.

Ich wollte daheim sein, bevor die Wirkung des Peyote nachließ. Früher schon hatte ich Menschen in diesem Zustand beobachtet. Ein paar Stunden nach dem Fest waren sie glücklich und zufrieden. Aber sobald die Wirkung vorüber war, verfielen sie in eine schwere Depression, die tage-, ja sogar wochenlang anhielt.

Flint würde dieses Tief überwinden, indem er sich betrank. Dann folgte ein Katzenjammer, dann eine tiefe Mutlosigkeit, dann wieder Peyote – und der Teufelskreis begann von vorne. Wir waren beide im selben Kreis gefangen. Wenn man sich in einem Kreis befindet, gibt es keinen Ausweg.

Mir schwirrte der Kopf, und bevor ich wußte, was geschah, war ich von der Straße abgekommen. Die Räder des Wagens steckten im losen Kies neben der Fahrbahn. Ich riß das Steuer herum und kam wieder auf die Straße, aber jetzt fuhr ich langsamer. Meine Hände schwitzten. Ich hatte beinahe einen Unfall verursacht. Wir hätten uns überschlagen und tot sein können. Sterben, dachte ich. So kommt man aus dem Teufelskreis heraus. Ich sah zu Flint hinüber, aber er war so abwesend, daß er nicht einmal bemerkt hatte, was geschehen war.

Ich richtete mich etwas auf und öffnete das Fenster, um kühle Luft hereinzulassen. War ich nur müde und dieser Beinahe-Unfall reiner Zufall, oder steckte etwas anderes dahinter?

8

Ich kam mir vor wie in einer Falle, als ich ins Warenhaus ging und ein neuer Arbeitstag vor mir lag. Ich hängte die Jacke auf und versuchte, an nichts anderes zu denken als an die vielen Kunden, die den ganzen Tag ein und aus gingen. Die Regale mußten gefüllt werden.

Als ich das Geschirr auspackte, warf ich einen Blick auf die Preisliste. Eine Tasse kostete zwölf Dollar, ein Teller achtzehn und das vollständige Gedeck mehrere hundert Dollar. Ich dachte an das zerkratzte, abgeschlagene Geschirr, das Großmutter und ich benutzt hatten. „Ach was", sagte ich vor mich hin, „auf einem achtzehn-Dollar-Teller ist nicht mehr Platz für Toast und Bohnen als auf einem Teller für zehn Cent!" Aber diese Leute aßen nicht Toast und Bohnen. Sie hatten fremde, teure Gerichte. Sogar Fisch! Ich schauderte. Großmutter hatte mir immer gesagt, daß unsere Leute nie Fisch essen würden, denn in den Fischen lebten die Seelen toter Frauen weiter, die auf dieser Erde böse waren.

Ich stellte gerade das letzte Geschirr aufs Regal, als Betty kam und mir eine hübsche Karte in die Hand drückte. „Willst du bitte unterschreiben?" fragte sie.

„Was ist das?"

„Frau Montgomery aus der Textilwarenabteilung

geht diese Woche in Pension. Sie arbeitet schon seit fünfzig Jahren hier in der Textilabteilung. Mit fünfzehn hat sie angefangen." Betty schüttelte den Kopf. „Kannst du dir das vorstellen? Fünfzig Jahre im gleichen Geschäft! Menschenskind, ich bleibe sicher nicht fünfzig Jahre hier! Sobald ich den Richtigen finde, heirate ich, und dann – ade!" Sie wartete, bis ich unterschrieben hatte, und ging dann weg. Ich hörte sie noch murmeln: „Fünfzig Jahre!"

Ich dachte an Frau Montgomery. Sie hatte in meinem Alter hier angefangen und war geblieben – ihr ganzes Leben lang. Jeden Tag sah sie die gleichen Leute und die gleichen Sachen, jeden Tag, immer das gleiche.

Eine Kundin kam herein und nahm eine der Teetassen in die Hand, die ich eben aufgestellt hatte.

„Kann ich etwas für Sie tun?" fragte ich.

Sie sah mich an, und ihr Gesicht wurde finster. „Wenn Sie nichts dagegen haben, so möchte ich lieber von einer anderen Verkäuferin bedient werden."

Mir war, als schütte mir jemand einen Eimer eiskalten Wassers über den Kopf. Ich drehte mich um und ging zu Betty. Ich wollte mir zwar nichts anmerken lassen, aber mein gequältes Lächeln und meine zitternde Stimme verrieten mich. „Betty, würdest du bitte diese Dame bedienen?"

„Ja, gern. Aber ich dachte, du würdest sie bedienen", antwortete sie und schaute auf die anspruchsvolle Kundin.

„Sie wollte jemand anders." Ich zuckte die Achseln. „Vielleicht ist ihr Ur-Urgroßvater von einem Indianer skalpiert worden." Ich drehte der Frau den Rücken zu und schrieb die Preise an, während Betty sie bediente.

Als die Kundin wegging, kam Betty zu mir. „Mach dir nichts draus. Sie gehört zu der Sorte von Leuten, die niemanden mögen."

Langsam verging der Morgen, und endlich war Mittagspause. Ich verspürte nicht die geringste Lust auf ein Mittagessen aus meiner braunen Papiertüte. Ich fühlte mich ausgepumpt, aber ich hatte keinen Hunger. Ich stand eine Weile unschlüssig da und wußte nicht, was ich tun sollte. Vielleicht täte mir ein Spaziergang in der frischen Luft gut. Wahrscheinlich war ich einfach müde und würde mich nachher besser fühlen und Appetit haben.

Sobald ich draußen war, wußte ich, daß ich das Richtige getan hatte. Frische Luft und Sonnenschein waren genau das, was ich nach einem langen Morgen in dem alten, stickigen Gebäude nötig hatte. Mit jedem Schritt fühlte ich mich besser. Ich ging weiter und weiter, ohne darauf zu achten, wohin. Plötzlich stand ich vor einem kleinen Park. Es war nur eine winzige Anlage, aber sie schien mir wie eine Oase inmitten dieser Stadt- und Steinwüste. Ich setzte mich ins Gras und betrachtete die Bäume und die Blumen. Ich sehnte mich zurück ins Reservat, wo man auf der Erde laufen konnte, nicht auf harten Pflastersteinen, wo man nachts die Coyoten hörte und nicht den Lärm der Straße.

Ich saß noch nicht lange dort, als ein Mann in Uniform auftauchte und sagte: „Entschuldigen Sie, Fräulein, aber Sie dürfen nicht hier im Gras sitzen."

Ich stand auf.

Er lächelte. „Ich meinte, daß es nicht gestattet ist,

die Wiese zu betreten. Sie müssen auf den Wegen bleiben“, sagte er und deutete auf die schmalen, gewundenen Pfade.

Ich war verwirrt und wurde rot, sagte jedoch kein Wort und sah ihn auch nicht an, als ich den Park verließ. Immer, immer muß man auf dem harten Betonboden laufen! „Betritt nicht das Gras! Du darfst nicht fühlen, wie weich Mutter Erde unter deinen Füßen ist!“

Es war beinahe eine Stunde vergangen, als das Warenhaus wieder in Sicht kam. In einigen Minuten würde meine Mittagszeit vorüber sein. Aber als ich bei der Tür angelangt war, ging ich einfach weiter. Ich würde nicht mehr dorthin zurückgehen. Ich konnte nicht mehr zurückgehen. Ich wollte nicht mehr in dieser Falle bleiben. Ich wollte nicht fünfzig Jahre dort verbringen! Dann fiel mir ein, daß mein Mantel noch dort war, aber ich wollte nicht einmal zurückgehen, um ihn zu holen. „Leb wohl, lieber Mantel!“ sagte ich und ging nach Hause.

Ohne Arbeit verging die Zeit nur sehr langsam. Ich war gelangweilt und ruhelos und sehnte mich nach einer Tätigkeit. Als der Sonntag kam, war ich so verzweifelt, daß ich mich entschloß, zur Kirche zu gehen. Was konnte es mir schaden?

Meine Knie zitterten, als ich die Treppe hinaufging und eintrat. Ich blieb am Eingang stehen und wußte nicht, ob ich wirklich hineingehen oder davonlaufen sollte.

Diese Entscheidung wurde mir jedoch abgenommen, denn hinter mir kamen einige Leute, und ich mußte weitergehen. Noch ein paar zögernde Schritte, und ich stand mitten in der Kirche. Licht strömte durch die bunten Glasfenster mit den verschiedenen Bildern. Auf einem war ein Mann mit Schafen zu sehen. Ein anderes Fenster zeigte ein paar Männer, die an einem Tisch saßen und aßen.

Meine Knie zitterten so sehr, daß ich mich setzen mußte. Aber ich wußte nicht, wohin ich mich setzen sollte. Vielleicht waren die Plätze auf den langen Bänken mit den hohen Lehnen nur für gewisse Leute bestimmt? Vielleicht gab es gar keinen Platz für mich?

Die anderen Leute gingen an mir vorüber nach vorne. So folgte ich ihnen und schlüpfte in die dritte Reihe. Unsicher setzte ich mich auf die Kante. Es ertönte sanfte Musik, und leise Stimmen sangen Lieder, die ich nicht kannte.

Mein Herz klopfte so laut, daß ich meinte, alle anderen müßten es hören. Ich fragte mich, ob nicht all diese Menschen zu mir herschauten und sich wunderten, was ich denn in ihrer Kirche wollte.

Vereinigte Evangelikale Brüderkirche

Verängstigt und unruhig saß ich da. Jeden Moment erwartete ich, daß jemand auf mich zukäme und mich aufforderte, die Kirche zu verlassen. Vielleicht würden sie sogar aufstehen, mit dem Finger auf mich zeigen und mich davonjagen. Ich wünschte, ich wäre nicht gekommen. Ich gehörte nicht hierher. Ich gehörte nicht zu diesen Leuten. Ich schlug die Augen nieder und preßte die Hände im Schoß fest zusammen. Ich hatte Angst, etwas Falsches zu tun und die Aufmerksamkeit aller auf mich zu ziehen.

Nach einer Weile reichte mir ein Mann einen Teller mit Geld. Verwundert sah ich ihn an. Ich hatte ein ungutes Gefühl im Magen, als ich den Teller in der Hand hielt. Was sollte ich denn damit anfangen?

Der Mann lächelte, beugte sich herab und flüsterte: „Würden Sie bitte so gut sein und den Teller weitergeben?"

Wie dumm kam ich mir vor! Ich drückte den Teller meiner Nachbarin so plötzlich in die Hand, daß sie ihn beinahe fallen ließ. Es wurde mir heiß, und ich hatte nur den einen Wunsch, davonzulaufen. Ich mußte endlich weg von hier und dorthin, wohin ich gehörte!

Ich nahm all meinen Mut zusammen und stand auf. Plötzlich erhoben sich alle anderen auch. Die ganze Kirche stand!

Ich war so erschrocken, daß ich bewegungslos dastand. Wollten mich all diese Leute nun aufhalten?

Dann erschien Reverend McPherson im Altarraum.

Ich stieß einen Seufzer der Erleichterung aus. Er würde nicht erlauben, daß mich diese Leute belästigten. Er würde mich gehen lassen.

Er sprach ein paar Worte, und die Leute neigten den Kopf, als ob sie beschämt wären. Dann sagte er noch etwas, und alle setzten sich wieder. Ganz mechanisch nahm auch ich wieder Platz.

Ich richtete meine Augen auf Reverend McPherson. Er sprach schon wieder über diesen Mann, der Jesus hieß. Ich fragte mich, was Großmutter wohl sagen würde, wenn sie wüßte, daß ich in einem Gebetshaus der Weißen war. Sie wäre sicher nicht erbaut.

Bald war der Gottesdienst vorüber, und alle verließen die Kirche. Ein paar Leute blieben stehen, gaben mir die Hand, nannten ihren Namen und fragten mich nach dem meinen. Aber ich wollte ihn nicht sagen. Wußten diese verrückten Leute nicht, daß, wenn ein Indianer seinen Namen innerhalb einer Stunde dreimal aussprach, seine Ohren verdorrten? Die Weißen mußten noch viel lernen, dachte ich.

Reverend McPherson stand an der Tür und gab den Leuten, die hinausgingen, die Hand. Schüchtern streckte ich meine Hand hin, und er lächelte und hielt sie fest in der seinen.

„Wir freuen uns, daß Sie heute gekommen sind. Wollen Sie mit uns zu Mittag essen?“

Das hatte ich nicht erwartet und wußte deshalb nicht, was ich sagen sollte.

Die rothaarige Frau neben ihm trat einen Schritt näher und legte den Arm um meine Schulter. „Ich bin Frau McPherson. Nenne mich einfach Audrey.

Es würde mich sehr freuen, wenn du mit uns essen würdest.“ Dann, als ob sie meine Gedanken erraten hätte, fügte sie hinzu: „Nach dem Essen kannst du bleiben, solange du willst, oder gehen, wann immer du willst.“

„Gut“, nickte ich und folgte ihr in die Wohnung.

Nach ein paar Minuten war alles bereit und der Tisch gedeckt.

„Wir danken Gott bei jeder Mahlzeit“, sagte Reverend McPherson. Er und Audrey neigten den Kopf, schlossen die Augen und sprachen kurz mit Gott. Dann nahm Audrey den Deckel von einer Platte.

Mich traf beinahe der Schlag. Es war Fisch! Ein langer Fisch mit großen, runden Augen sah mich an, so daß ich eine Gänsehaut bekam.

„Wieviel darf ich Ihnen geben?“ fragte Reverend McPherson.

„Ich habe keinen Hunger“, antwortete ich matt und konnte die Augen nicht von denen des Fisches abwenden,

„Stimmt etwas nicht?“ fragte Audrey.

Ich wiederholte, ich hätte keinen Hunger, aber in diesem Moment knurrte mein Magen so laut, daß die beiden es unbedingt hören mußten. „Ich – ich kann diesen – Fisch – nicht essen! Er schaut mich an!“ sagte ich.

Audrey beugte sich über den Tisch, um den Fisch genau zu betrachten.

Mir wurde schlecht. Heute lief alles verkehrt. „Meine Leute glauben, daß in Fischen die Geister böser Frauen wohnen. Wenn wir Fisch essen, leben diese bösen Geister in uns weiter.“

Ohne ein weiteres Wort deckte Audrey den Fisch wieder zu. Ich war glücklich, daß er mich nicht mehr ansehen konnte. Audrey nahm die Platte mit dem Fisch und trug sie in die Küche.

„Ich will jetzt gehen", sagte ich und stand auf.

„Aber wir haben noch nichts gegessen, und Sie müssen doch Hunger haben", sagte Reverend McPherson und zwinkerte mit den Augen. „Gibt es auch gegen Schinkenbrote etwas einzuwenden?"

„Nein, im Schinkenbrot sitzt kein böser Geist", lachte ich.

Das Befremdende zwischen uns schmolz dahin. Wir sprachen über alles mögliche. Ich kann mich nicht entsinnen, je im Leben so viel gelacht oder gesprochen zu haben. Der Nachmittag verging im Nu.

„Willst du nicht zum Abendessen bleiben und dann mit uns zur Kirche gehen?" schlug Audrey vor.

„Haben Sie am Abend auch einen Gottesdienst?" fragte ich erstaunt. „Ist das nicht zuviel für Ihren Gott? Vielleicht möchte er gar nicht so oft belästigt

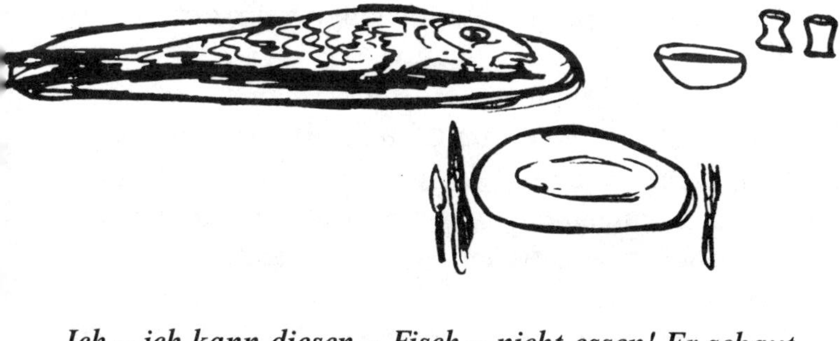

Ich – ich kann diesen – Fisch – nicht essen! Er schaut mich an!

werden von den Leuten? Vielleicht würde er lieber schlafen?"

„Unser Gott schläft nie", antwortete sie.

„Dann muß er aber schrecklich müde sein. Sogar der Wind schläft manchmal."

„Unser Gott ist nie müde. Er ist immer bereit, unsere Gebete zu hören und mit uns zu sprechen."

Ich dachte einen Augenblick darüber nach. „Ist der Abendgottesdienst genauso wie der am Morgen?"

„Nein, nicht ganz so. Es kommen weniger Leute, und es verläuft zwangloser."

„Reicht man den Teller wieder herum?" erkundigte ich mich.

„Nein, das wird nur im Morgengottesdienst gemacht", lachte Audrey.

„Was soll der Teller überhaupt?" wollte ich wissen.

„Er wird deshalb herumgereicht, damit jeder, der das Reich Gottes unterstützen möchte, Gelegenheit dazu hat."

„Ich habe kein Geld", sagte ich. „Ich habe auch nichts auf den Teller gelegt heute morgen. Was bin ich Ihnen dafür schuldig, daß ich in der Kirche war?"

„Nichts. Kein Mensch muß bezahlen, wenn er zur Kirche geht. Es muß auch niemand etwas geben, wenn er nicht will. Gott freut sich, wenn die Leute kommen – auch, wenn sie kein Geld haben."

„Es würde uns freuen, wenn du bleiben wolltest", sagte Audrey.

Als ich zögerte, sagte Reverend McPherson: „Bitte!"

„Gut, ich bleibe", antwortete ich. Es war gar nicht so übel gewesen heute morgen, nachdem ich mich vom ersten Schreck erholt hatte.

Es war ein ruhiger Gottesdienst. Nun waren weniger Leute, und der Teller wurde nicht herumgereicht. Ich blieb eine Weile, aber dann war ich müde, schon wieder von Jesus zu hören. Ich fand, sie könnten auch einmal über etwas anderes reden. Ich stand auf und ging weg.

Audrey sah mich überrascht an, aber sie lächelte und winkte mir mit der Hand zu.

Während der nächsten Tage arbeitete ich nichts, und plötzlich stellte ich fest, daß ich nur noch zwei Dollar hatte. Entweder mußte ich mir eine Arbeit suchen oder hungern. Ich wollte nicht wieder als Verkäuferin arbeiten und Kunden haben, die mich wegen meiner Hautfarbe ablehnten. Nein, danke! Vielleicht konnte ich eine Arbeit finden, bei der ich nichts mehr mit Menschen zu tun hatte und allein war.

Ich las die Stellenangebote in der Zeitung und fand eine Stelle, die mir sofort zusagte. Es wurde eine Putzfrau gesucht, die am Abend ein großes Bürogebäude reinigen sollte. Das schien genau das Richtige für mich. Ich las die restlichen Anzeigen gar nicht mehr, sondern schnitt die Adresse aus der Zeitung und machte mich auf den Weg.

Ich hatte ein großes, hohes Haus mit einem Dutzend Büros erwartet, aber es war nur ein kleines Gebäude mit sechs Büroräumen und einer Empfangshalle. Als ich dem Fräulein erklärte, daß ich wegen der ausgeschriebenen Stelle komme, bat mich ein Mann, der in mittlerem Alter war und einen schwarzen Anzug trug, in sein Büro zu kommen.

„Sie sehen ziemlich jung aus“, sagte er zuerst. „Wir haben eigentlich an eine ältere Person gedacht.“

„Ich bin achtzehn“, gab ich zur Antwort. Ich hatte diese Lüge schon so oft erzählt, daß ich sie beinahe selbst glaubte. „Ich bin harte Arbeit gewohnt. Vielleicht kann ich sogar schneller arbeiten, weil ich noch jung bin“, sagte ich voll Hoffnung.

Er lachte. „Es ist keine glänzende Stelle. Das Gehalt ist gering und die Arbeit schmutzig. Sie müßten abends nach neun Uhr kommen, staubsaugen, abstauben, Papierkörbe ausleeren und alle anfallenden Reinigungsarbeiten machen. Sie könnten gehen, sobald Sie fertig wären. An einem Abend würden Sie vielleicht zwei Stunden zu tun haben, an einem anderen fünf. Es ist wirklich keine Arbeit für ein junges Mädchen.“

„Es ist genau das, was ich mir wünsche. Schwere Arbeit macht mir gar nichts aus“, sagte ich ernsthaft. Ich wollte um jeden Preis eine Arbeit, bei der ich nichts mit Menschen zu tun hatte und mich verstecken konnte.

Er betrachtete mich einen Augenblick und stand dann auf. „Einverstanden. Sie können die Arbeit haben. Kommen Sie heute abend um sechs, und das Fräulein wird Ihnen zeigen, was zu tun ist. Ab morgen werden Sie allein arbeiten müssen.“

Endlich ging etwas so, wie ich es mir wünschte! Ich war froh, daß diese Stelle so leicht zu haben war. Ich hatte schon befürchtet, wieder von einem zum andern gehen zu müssen, nur um wieder weggeschickt zu werden. Diese Stelle war die richtige. Ich würde allein sein. Wenn ich schnell arbeitete, würde ich früh fertig sein. Die Arbeit schien nicht allzu schwer. Es war fast zu schön, um wahr zu sein.

Eines Abends schaute ich bei den McPhersons vorbei, um ihnen von meiner neuen Arbeit zu erzählen.

„Das ist eine rauhe Gegend. Sie müssen vorsichtig sein“, warnte mich Reverend McPherson.

„Es wäre uns lieber, du hättest tagsüber eine Arbeit“, schalt Audrey. „Du bist zu jung, um so spät nachts noch unterwegs zu sein.“

„Ich bin nicht zu jung“, antwortete ich. „Ich bin schon fünfzehn.“

„Fünfzehn!“ rief Audrey entsetzt. „Ich war schon besorgt genug, als ich noch dachte, du seist achtzehn! Jetzt, da ich weiß, daß du erst fünfzehn bist, müßte ich erst recht ein Auge auf dich haben und dich vor aller Welt beschützen. Du bist viel zu jung, um so allein zu sein. Du bist ja noch ein Kind!“

„Nun, ich fühle mich wie hundert!“ sagte ich scherzhaft. Ihr Blick zeigte mir, daß sie das gar nicht lustig fand.

„Es ist traurig, daß du kaum Kind sein konntest und jetzt schon für dich sorgen mußt.“

*

Seit drei Wochen arbeitete ich nun an meiner neuen Stelle. Abends um acht ging ich von zu Hause weg und war gegen neun Uhr dort. Meistens war ich um Mitternacht fertig und gegen ein Uhr wieder zurück.

Als ich eines Abends wieder auf dem Weg zur Arbeit war, hörte ich plötzlich Schritte hinter mir. Es waren kaum noch Leute auf der Straße, denn die Geschäfte und Büros hatten bereits geschlossen. Ich weiß nicht, was mich warnte – vielleicht der uralte Instinkt für Gefahren. Ich ging ein wenig schneller. Als nun auch die Schritte hinter mir schneller wurden, wußte ich, daß mir jemand folgte. Kein Mensch war auf der Straße, nicht einmal ein Wagen. Ein Block lag noch vor mir, dann kam eine Allee und dann erst mein Bürogebäude. Ich wußte, wenn etwas geschah, würde es in der Allee passieren. Ich versuchte mir einzureden, daß hinter mir wahrscheinlich eine harmlose alte Dame ging, die bei einer Freundin zu Besuch gewesen war. Wenn ich mich umdrehte, würde ich sehen, wie dumm ich war. Aber ich brachte es nicht fertig, stehenzubleiben und mich umzusehen. Ich hatte Angst, daß mich das, was hinter mir war, so erschrecken würde, daß ich wie gelähmt und völlig hilflos wäre. Darum ging ich einfach weiter.

Die Allee lag nun vor mir. Sie sah aus wie ein großes schwarzes Loch. Die Schritte kamen immer näher.

Kurz vor der Allee rannte ich drauflos. Ich lief um mein Leben. Meine Beine flogen über das Pflaster. Jeden Augenblick erwartete ich eine Hand, die sich um meine Kehle legen würde. Aber ich schaute nicht zurück; ich lief und lief. Dabei zog ich schon den Schlüssel aus meiner Tasche und hielt ihn bereit, um die Tür aufzuschließen, sobald ich sie erreichte. Ich nahm zwei Stufen auf einmal, stieß den Schlüssel ins Schloß, riß die Tür auf und schloß wie gehetzt hinter mir zu. Dann schob ich den Riegel vor, rannte durch den dunklen Gang ins erste Büro und schloß auch diese Tür ab.

Mit klopfendem Herzen und zitternden Knien stand ich im Dunkel. Ich horchte, ob jemand an der Tür probierte, aber ringsum war Stille. Gut, dachte ich, dann war es vielleicht doch nur eine kleine, alte Dame, die sich nun darüber wunderte, welch ein törichtes junges Geschöpf nachts wie eine Wilde durch die Straßen lief. Aber ich glaubte mir selbst nicht – nicht einen Augenblick.

Lange stand ich da, wie zur Salzsäule erstarrt. Ich wußte, daß ich den Vorfall vergessen und mit meiner Arbeit beginnen sollte, aber ich hatte Angst, Licht zu machen. Wenn doch jemand draußen stand, würde das Licht ihm zeigen, in welchem

Die Schritte verfolgten mich. Ich rannte, so schnell ich konnte.

Zimmer ich war. Vielleicht würde er versuchen einzubrechen oder auf mich warten, bis ich mit der Arbeit fertig und auf dem Heimweg war – um Mitternacht.

Ich war völlig aus der Fassung. Ich konnte mich nicht erinnern, je solche Angst gehabt zu haben. Ich brauchte dringend Hilfe und kannte nur einen Menschen, den ich anrufen konnte. Ich ging zum Apparat und wählte die Nummer von Reverend McPherson.

„Bitte, mach, daß er zu Hause ist! Bitte, mach, daß er zu Hause ist!" Immer und immer wiederholte ich diese Worte, als das Freizeichen ertönte.

Als ich dann seine Stimme hörte, war ich vor Erleichterung einem Zusammenbruch nahe. „Hier ist Schrei im Wind", meldete ich mich zitternd. „Bitte, bitte kommen Sie mich holen! Ich fürchte mich. Jemand verfolgt mich – ich weiß es. Ich bin jetzt im Büro, aber ich habe Angst, daß er draußen auf mich wartet."

„Ich komme sofort. Ich werde hupen, wenn ich dort bin. Bleiben Sie, wo Sie sind!" Er hängte auf.

Aber ich konnte mich nicht vom Telefon trennen und preßte den Hörer immer noch fest ans Ohr. „Bitte, beeilen Sie sich!" flüsterte ich ins Telefon, obwohl mich niemand mehr hören konnte.

Ich versuchte mir vorzustellen, wann er hier sein konnte. Jetzt würde er in die 30. Straße einbiegen, jetzt in die 29., wenn er nicht bei Rot halten mußte. „Bitte, laß doch alle Lichter auf Grün stehen!" Jetzt ist er in der 28. Straße. Oder hätte ich die Polizei rufen sollen? Vielleicht ist der Mann, der mich verfolgte, unterdessen weggegangen? Oder vielleicht war er hier im Haus? Vielleicht ging er von Tür zu Tür und suchte mich? Die Angst raubte mir beinahe den Verstand.

Ob hier im Zimmer etwas war, das ich als Waffe benützen konnte? Da – regte sich nicht etwas? War es ein Schritt? Ich spitzte die Ohren. Es war eine Hupe! Etwa einen Block entfernt. Und nun wieder, näher! Ich atmete erleichtert auf. Nun ertönte die Hupe vor der Haustür.

Im Nu war ich aus dem Haus und im Auto von Reverend McPherson.

„Alles in Ordnung?“ fragte er und fuhr schnell davon.

„Ja.“ Ich zitterte wie Espenlaub. „Ja, es ist alles in Ordnung. Wie kommt es, daß Sie so schnell hier waren?“

„Wahrscheinlich habe ich ein paar rote Lichter übersehen und bin zu schnell gefahren. Aber ich glaube, Gott wird diesmal ein Auge zudrücken.“

„Haben Sie jemand gesehen? Ich bin sicher, daß jemand hinter mir her war.“

„Ich habe niemand gesehen, aber das will nichts heißen. Wenn Ihnen wirklich jemand gefolgt ist, wird er sich kaum sehen lassen wollen. Ich glaube, wir sollten zur Polizei gehen und Anzeige erstatten. Wenn sich hier in der Gegend jemand herumtreibt, sollte es die Polizei wissen. Sie könnten einen Streifenwagen schicken, der die Gegend beobachtet.“

Ich lachte nervös. „Und wenn nichts dahinter steckt? Im Grunde ist ja gar nichts passiert.“

„Macht nichts. Für die Polizei spielt das keine Rolle. Man ruft sie besser zu früh als zu spät. Wir haben eine Antenne in uns, die uns vor einer Gefahr warnt, sogar wenn wir sie nicht sehen. Ich glaube, es war richtig, daß Sie mich gerufen haben."

Er fuhr zum Polizeiposten, wo wir erzählten, was geschehen war. Der Polizist sagte, er wolle ein Auge auf die Gegend haben.

„Wollen Sie heute bei uns bleiben? Vielleicht fühlen Sie sich da sicherer", sagte Reverend McPherson. „Sie wissen: Sie sind jederzeit willkommen."

„Nein, jetzt bin ich wieder beruhigt. Doch vielen Dank!"

„Ich wünschte, Sie bekämen tagsüber eine Arbeit und –"

Ich ließ ihn nicht ausreden. „Machen Sie sich keine Sorgen. Morgen früh werde ich kündigen. So etwas will ich nie mehr erleben! Ich glaube, ich hatte nie im Leben solche Angst. Bis jetzt habe ich immer geglaubt, ich könne auf mich selbst aufpassen. Heute war ich vollkommen hilflos und voller Angst." Ich zitterte immer noch.

„Dann haben Sie heute etwas sehr Wichtiges gelernt. Wir alle brauchen irgendwann einmal Hilfe, und wir alle brauchen jeden Tag Gottes Hilfe. Es lag nie in Gottes Plan, daß wir Menschen mit allem allein fertig werden sollten. Vielleicht hat Gott erlaubt, daß Sie heute so erschreckt wurden, um Ihnen zu zeigen, daß man sich nicht immer nur auf sich selbst verlassen kann. Audrey und ich haben uns wegen Ihrer Nachtarbeit große Sorgen gemacht. Sie wird froh sein, wenn sie hört, daß Sie nicht mehr dorthin gehen wollen. Es war nicht die richtige Arbeit für Sie. Sie brauchen eine Arbeit, die Ihnen eine Zukunft bietet. Was würde Ihnen Freude machen?"

Ich zuckte die müden Schultern. „Ich weiß es nicht. Ich habe nie darüber nachgedacht. Solange ich zu essen habe, mache ich mir keine Sorgen." Als er vor meinem Haus ankam, fragte ich: „Haben Sie und Audrey wirklich Angst um mich gehabt?"

„Natürlich", antwortete er. Er wartete, bis ich sicher in meiner Wohnung war, dann fuhr er weg.

Ich redete mir ein, daß ich keine Angst mehr zu haben brauchte, aber ich stand doch ein paarmal auf, um nachzusehen, ob die Tür auch wirklich abgeschlossen war. Die ganze Nacht hindurch ließ ich alle Lampen brennen.

Ich kannte die Stadt und ihre Gefahren nicht. Zu Hause war die Nacht nie gefährlich gewesen. Wenn Vollmond war und der Wind blies, ritt ich mit Donnerhuf aus. Wir galoppierten durch das dunkle Tal und über die finsteren Hügel. Ich hatte keine Angst vor der dunklen Nacht. Es spielte keine Rolle, daß ich nachts nichts sehen konnte, denn Donnerhufs Augen sahen für mich. Nur die Coyoten waren nachts unterwegs, aber sie taten uns nichts zuleide.

Als ich an Donnerhuf und unsere nächtlichen Ritte dachte, wurde mir schwer ums Herz, weil ich nie mehr mit ihr ausreiten konnte. Hier in der Stadt mußte ich nachts hinter verschlossenen Türen bleiben, weil ein Mädchen allein nachts in Gefahr war. Dabei sagte man, die Stadt sei zivilisiert! Auf dem Land war man in der Wildnis, aber in der Wildnis bei den wilden Tieren war ich sicher gewesen. Wie sinnlos war doch das alles!

In dieser Nacht schlief ich nicht viel, denn ich mußte über zwei Dinge nachdenken, die mir Reverend McPherson gesagt hatte. Ich überlegte, weshalb ich eine Arbeit mit Zukunft brauchte. Wozu? Mein ganzes Leben lang war ich einsam und unglücklich gewesen. So war es, und so würde es auch in Zukunft sein. Dann wunderte ich mich, daß er und Audrey sich Sorgen um mich gemacht hatten. Bis jetzt hatte sich nie jemand Sorgen um mich gemacht. Manchmal sagte er Dinge, die mich überraschten. Aber eines war sicher: Heute hatte ich ihn um Hilfe gebeten, und er war sofort gekommen.

Wieder studierte ich die offenen Stellen. Jemand suchte eine Töpferin. Wenn es etwas gibt, das ein Indianer kann, dann ist es das Töpferhandwerk. Ich eilte zu der angegebenen Adresse.

Sobald ich im Büro stand, sagte ich: „Ich komme wegen der Stelle als Töpferin."

„Ah – das ist prima. Haben Sie schon als Töpferin gearbeitet?" erkundigte sich die Dame, als sie mir das Bewerbungsformular in die Hand drückte.

„Nun, meine Großmutter hat es mich gelehrt, als ich ein kleines Mädchen war. Das ist schon lange her, und ich habe vieles vergessen. Aber ich könnte es bestimmt bald wieder lernen."

„Gut. Kommen Sie mit", sagte sie und ging eine lange Halle hinunter. Ich folgte ihr.

Vor zwei großen, schweren Türen mit zwei kleinen Glasfenstern blieb sie stehen. Ich warf einen Blick durch das Fenster und sah große Maschinen, die durch Röhren miteinander verbunden waren. Sobald sie die Tür öffnete, drang ein ohrenbetäubender Lärm heraus, so daß ich mir unwillkürlich die Ohren zuhielt.

Sie sah mich an und lachte. „Haben Sie noch nie in einer Fabrik gearbeitet?"

Ich verstand kaum, was sie sagte, aber ich schüttelte den Kopf.

„Macht nichts. Sie werden sich an den Lärm gewöhnen und ihn später kaum mehr hören."

Es war, als ob tausend Trommeln in meinem Kopf schlügen. Wie konnte sich ein Mensch nur an solchen Krach gewöhnen?

Sie wies auf eine lange Reihe von Schaltern und Hebeln. „Hier ist Ihr Arbeitsplatz. Man wird Ihnen sagen, wann Sie den Schalter drehen und den Hebel bewegen müssen. Sie dürfen nichts machen, wenn Ihnen der Mann dort drüben in der Schürze nicht den Auftrag dazu gibt. Für die Töpferarbeiten ist es wichtig, daß Zeit, Temperatur und Lehmdichte genau bemessen sind. Er wird Ihnen alles erklären, was Sie wissen müssen. Befolgen Sie einfach genau seine Anweisungen." Sie winkte dem Mann mit der Schürze zu, und er kam herüber, um mir meine Arbeit zu erklären.

Ich stand da, zog, stieß und bohrte. Der Lärm ging mir durch und durch. Ich versuchte, ihn nicht zu beachten und an anderes zu denken. Ich dachte zurück an Großmutter. Sie hatte mir erzählt, wie die Indianer von altersher ihre Töpferwaren herstellten. Sie nahm einen kleinen Kürbis, füllte ihn mit Wasser, leerte es auf den Boden und kauerte sich daneben, um zu sehen, wie das Wasser in den Boden sikkerte. Dann goß sie noch mehr Wasser nach und sprach: „Nun mußt du sehr vorsichtig sein, denn du mußt Haut von unserer Mutter Erde abkratzen." Sie wühlte mit den Händen im Schlamm und nahm den nassen Klumpen auf, formte und bearbeitete ihn, bis eine kleine, rauhe Schale daraus entstand. Wenn sie ihr gefiel, legte sie sie auf einen Baumstrunk und ließ sie an der Sonne trocknen. Die heiße Sommersonne brannte den Lehm hart wie Stein. Es war so einfach, Töpfe herzustellen, wenn man es mit Mutter Erde, Wasser und Sonne tat. Es war eine ruhige Arbeit, nicht so lärmend wie diese hier. Oh, könnte ich noch einmal gemeinsam mit Großmutter den Lehm mit den Händen bearbeiten! dachte ich.

Weiter unten preßte eine Maschine ein Zeichen in die fertigen Töpfe. Bums. Bums. Bums. Alle genau gleich. Ich erinnerte mich noch daran, wie die Indianerfrauen ihre Töpfe bemalten: mit Yucca-Pinseln, die nur drei oder vier Borsten hatten. Sie arbeiteten viele Stunden, oft tagelang an einem einzigen Topf. Sie waren stolz auf ihre Arbeit. Aber auf diese Arbeit hier konnte man nicht stolz sein.

Ich schloß die Augen und stellte mir vor, in meinen Händen den Lehm aus längst vergangenen Tagen zu spüren. Aber in Wirklichkeit umfaßte ich einen kalten, harten Stahlgriff. So stellte man keine Töpfe her. So konnte ein Indianer nicht leben.

Ich stieß die schwere Tür auf und ging durch die lange Halle ins Freie. Hier war es still. Mit dem Lärm der Maschinen hörte auch das Hämmern in meinem Kopf auf. Ich bückte mich und kratzte etwas Erde los. Mutter Erde war noch immer da. Die gleiche Mutter Erde wie zu Hause im Reservat. Weshalb nur war hier alles so anders?

Ich ging nach Hause. Diese Arbeit hatte nur zwei Stunden gedauert. Was war mit mir nicht in Ordnung? Weshalb konnte ich nicht einfach zur Arbeit und nach der Arbeitszeit wieder nach Hause gehen, wie andere Leute es taten? Weshalb dachte ich immer an die Vergangenheit? An Mutter Erde, an die Sonne und an Frühling, Herbst und Winter?

Plötzlich hupte hinter mir ein Wagen und fuhr an den Straßenrand. Es waren Audrey und Reverend McPherson, die mir winkten, zu ihnen hinüber zu kommen.

„Wir haben dich gesehen und wollten wissen, ob du nun eine neue Stelle gefunden hast“, sagte Audrey.

„Ja. Ich habe etwas gefunden. Zwei Stunden lang habe ich gearbeitet“, sagte ich und lehnte mich gegen den Wagen.

„Zwei Stunden? Und dann?“

„Dann bin ich gegangen.“

Auf ihren Gesichtern waren Belustigung und Enttäuschung zu lesen. „Und was nun?“

„Ich weiß es auch nicht“, gab ich zur Antwort.

„Liebes Kind“, sagte Audrey, „du kannst doch nicht dein ganzes Leben lang jede Woche eine andere Arbeit suchen. Du brauchst ein Ziel, einen Plan, etwas, das du erreichen möchtest. Gibt es denn nichts, das du dir im Leben wünschst?“

„Nein, ich glaube nicht.“ Ich drehte mich um und wollte weitergehen.

„Sollen wir dich nach Hause bringen? Du siehst müde aus.“

„Nein, danke, ich kann laufen.“

„Können wir dir irgendwie helfen?“ fragte Audrey.

Ich schüttelte den Kopf und gab keine Antwort. Ich ging einfach weiter.

Der Wind kam auf. Er brachte erfrischende Kühle mit sich. Zu Hause öffnete ich alle Fenster und ließ den Wind durch das Haus blasen. Ich holte einige Perlen hervor und begann mit einem Halsband. Ab und zu schaute ich auf und beobachtete, wie der Wind die Vorhänge hin und her fegte.

Bis spät abends saß ich an der Arbeit. Als meine Augen müde wurden, ging ich zu Bett und betrachtete die Sterne durch das weit offene Fenster. Hier schienen sie kleiner und viel weiter weg. Es war nicht wie daheim, wo man meinte, die Sterne wären nur ein wenig höher als die Gipfel der Berge.

Bevor der Morgen dämmerte, blies der Wind heftiger. Die Vorhänge schlugen gegen die Lampe und stießen sie um. Das weckte mich. Ich stand auf, um das Fenster zu schließen. Eigentlich wollte ich wieder ins Bett, aber die schwarzen Äste und Zweige, vom Wind hin und her geschüttelt, fesselten meine Aufmerksamkeit. Ich blieb am Fenster stehen und sah zu, wie der Wind in den Bäumen spielte.

Als ich wieder in mein Bett schlüpfte, merkte ich, daß meine Wangen naß waren. Ich wußte gar nicht, daß ich geweint hatte.

„Ach, wenn ich nur heimgehen könnte! Wenn ich nur wieder nach Hause dürfte!“ flüsterte ich immer wieder vor mich hin.

9

Als das Pfeifen des Windes lauter wurde, wußte ich, daß er mich rief – daß er mich rief, nach Hause ins Reservat zu kommen, zu den Bergen und Tälern, die ich kannte und nach denen ich mich sehnte.

Ich nahm mein Kissen, entfernte den Überzug, der noch feucht von meinen Tränen war, und füllte ihn mit allerlei Dingen, die ich benötigte. Ich stopfte alle Lebensmittel hinein, die ich meinte tragen zu können, und, von einer plötzlichen Eingebung getrieben, sogar ein großes Küchenmesser für den Fall, daß ich mich gegen jemand zur Wehr setzen mußte. Das Leben in der Stadt hatte mich vorsichtig gemacht.

Ich schrieb eine kurze Nachricht für Flint und steckte sie in die Tür, als ich wegging. Ich erklärte ihm, daß ich zurück nach Hause gegangen sei, und bat ihn, mir gelegentlich den Rest meiner Sachen und etwas Lebensmittel zu bringen.

Zuerst ging ich so schnell ich konnte, um bei Einbruch der Dunkelheit zu Hause zu sein. Außerdem hatte ich Angst, daß ich die Nerven verlieren könnte, wenn ich unterwegs eine Rast einschaltete, und vielleicht sogar umkehren würde.

Nach einer Stunde verlangsamte ich meine Schritte, und nach weiteren vier Stunden schleppte ich mich nur noch mühsam vorwärts. Der Kissenbezug schien eine Tonne Felsblöcke zu enthalten. Ich war so erhitzt, daß ich meine Jacke auszog und auch noch ins Kissen stopfte. Nun war mir zwar nicht mehr so heiß, aber mein Bündel war noch schwerer geworden. Meine Hände waren schon ganz verkrampft vom stundenlangen Tragen.

Ich hatte acht Stunden gebraucht, um nach Hause zu kommen, nun würde in wenigen Minuten unser Häuschen in Sicht kommen. In der letzten Stunde war ich durch den Wald gewandert, den ich kannte und liebte. Jeder Baum war ein alter Freund, jeder Felsblock ein Markstein entlang des Weges. Nein, hier würde ich mich nie verirren wie in der Stadt mit ihren Straßen, die alle gleich aussahen, und den hohen Häusern, die die Sonne verdeckten.

Ich erreichte den Hügelkamm und schaute ins Tal hinab, wo unser Haus gestanden hatte. Aber – es war weg! Das Haus war verschwunden! Nichts war übrig geblieben als ein paar Balken, vom Feuer verkohlt.

Ich vergaß meine müden Beine und rannte mit dem Bündel auf dem Rücken, das bei jedem Schritt hin und her baumelte, den Hügel hinunter. Ich blieb dort stehen, wo die Haustür hätte sein müssen, und betrachtete den Trümmerhaufen vor mir. Es war nichts mehr da. Es konnte nicht lange gedauert haben, bis diese alte Hütte bis auf den Grund niedergebrannt war.

Ich ging durch die Aschenreste. Das Haus mußte schon vor Monaten abgebrannt sein, wahrscheinlich bald nachdem Cloud und ich das Tal verlassen hatten. Ich wußte, daß es kein Unglücksfall war. Jemand – entweder einer meiner Onkel oder ein Navajo-Freund meiner Großmutter – hatte das Haus mit einer Fackel angezündet, weil er dachte, Großmutters Seele sei vielleicht im Haus gefangen und könnte den Weg ins nächste Leben nicht finden.

Ich kauerte mich in die Asche. Nun war ich nach Hause gekommen, aber ich hatte kein Zuhause mehr.

Es wurde dunkel. Ich wollte die Nacht nicht im Freien verbringen. Wenn ich mich beeilte, konnte ich Clouds Hütte erreichen, bevor es ganz finster wurde. Dort würde ich wenigstens ein Dach über dem Kopf haben. Ich zwang mich aufzustehen und warf das Bündel über meine Schulter. Unter dem Gewicht brach ich beinahe zusammen.

Das Haus war weg! Nichts war übrig geblieben.

Keinen Blick warf ich auf den Stall. Ich richtete die Augen nur auf den Weg.

„Ich hätte nicht zurückkommen sollen", sagte ich mir. „Es war meine Dummheit. Hier ist nichts mehr. Alles ist verschwunden: die Menschen, die Tiere und das Haus. Nur ich bin hier und wandere wie eine verlorene Seele im Tal umher."

Als die Sonne unterging, erreichte ich Clouds Hütte. Ich nahm eine Kerze und Zündhölzer aus meiner Tasche und zündete die Kerze an. Sie gab nicht viel Licht, aber es war immerhin besser als die schreckliche Dunkelheit um mich her. Ich setzte mich auf den Boden, öffnete eine Büchse Bohnen und lehnte mich an die Wand, um sie zu essen.

Der Händler, der zu Cloud gekommen war, hatte nicht das Geringste zurückgelassen. Nichts war da als ein leerer Raum. Nicht einmal ein Stück Holz oder ein Blatt Papier waren mehr vorhanden.

Ich war erschöpft und konnte meine Augen nicht mehr offen halten. Noch einmal griff ich in mein Bündel und holte das Messer heraus. Ich rollte die Jacke zu einem Kissen zusammen, blies die Kerze aus und legte mich auf den Boden. Das Messer hielt ich fest in der Hand und wünschte, ich wäre nicht nach Hause gekommen.

Als ich am frühen Morgen erwachte, war ich steif vor Kälte. Auf dem Boden lag feiner Reif, und Nebelfetzen hingen über dem Tal, die erst verschwinden würden, wenn die Sonne höher stieg.

Zum Frühstück aß ich kaltes Fleisch. Dann steckte ich all meine Sachen wieder in mein Bündel. Nach einem letzten Blick auf meine alte Heimat machte ich mich wieder auf den Weg in die Stadt.

Ich versuchte, nicht an den Trümmerhaufen zu denken, der einmal mein Zuhause gewesen war. Ich versuchte, an nichts anderes zu denken, als daß ich einen Fuß vor den anderen setzen mußte.

Meine Füße schmerzten, als ich acht Stunden später wieder vor meinem Häuschen in der Stadt stand. Mein Briefchen steckte immer noch an der Tür; Flint war also nicht hier gewesen. Als ich den Zettel wegnahm und zerknüllte, war ich froh, daß Flint nun nichts erfahren würde von meinem Plan, wieder nach Hause zu gehen. Ich wollte nicht, daß er wußte, wie dumm ich gewesen war.

Was sollte ich tun? Zurück nach Hause konnte ich nicht mehr. Ich hatte kein Zuhause mehr. Auch in die Stadt gehörte ich nicht. Weshalb hatte mich der Wind zurück ins Reservat gerufen, wenn er doch wußte, daß ich dort keine Bleibe mehr hatte? Wollte er mich zum Narren halten? Ja, wahrscheinlich. Die alten indianischen Götter erlaubten sich mit den Menschen oft einen grausamen Spaß, und auch diesmal war es so gewesen. Er mußte aus irgendeinem Grund böse auf mich sein. Ich hatte etwas falsch gemacht, und dafür strafte er mich nun. Was hatte ich denn falsch gemacht? Was nur?

Plötzlich ging mir ein Licht auf: Der Wind wollte nicht, daß ich zur Kirche ging! Das mußte der Grund sein. Ich durfte mich nicht mehr in der Kirche zeigen, oder er würde mich schrecklich dafür bestrafen. Dies war nur eine Warnung gewesen.

Ich nahm meine Sachen wieder aus dem Kissenbezug. Er war schmutzig geworden von der langen Reise auf der staubigen Straße, und die letzten anderthalb Kilometer hatte ich ihn hinter mir hergezogen, weil ich zu schwach war, ihn zu tragen. Dann stieg ich in ein heißes Bad, das meinem zerschlagenen Körper wohltat. Ich war dankbar für diesen Luxus. Das Leben in der Stadt hatte mich verwöhnt. Ich hätte das fließende, warme Wasser, den Strom, den Kühlschrank und den Ofen vermißt.

Die nächsten Tage waren lang und langweilig. Sobald es dunkel wurde, ging ich zu Bett. Ich seufzte: „Wenigstens wieder ein Tag vorüber!" Ich fürchtete schon das kommende Morgengrauen. Ich haßte es, morgens zu erwachen. Ich zog einen Stuhl vor das Fenster, saß stundenlang dort und beobachtete die Leute, die vorübergingen, die Autos, die vorbeibrausten, und manchmal saß ich einfach da und starrte ins Leere.

Ich weiß nicht, wann ich sie zum erstenmal beachtete, aber ich ertappte mich dabei, daß ich eine Leuchtreklame beobachtete, die zwei Blocks entfernt aufblinkte und erlosch: „Branntwein – Likör" – immer wieder. Bald war ich von diesem Licht mehr gefesselt als von allem anderen.

Ich dachte daran, daß Flint eine halbvolle Whisky-Flasche im Küchenschrank vergessen hatte, als er das letzte Mal bei mir war. Je mehr ich daran dachte, desto mehr war ich versucht zu trinken. Ich wollte gar nicht trinken, denn der Whisky schmeckte schlecht und verursachte mir Kopfschmerzen, aber Flint und meine Onkel tranken eine Menge, also mußte doch etwas daran sein. Vielleicht hatte ich nur noch nicht genug getrunken. Vielleicht mußte man nur sehr viel davon trinken, um sich wohl zu fühlen.

Ich verließ den Stuhl am Fenster, ging zum

Schrank und nahm die Whisky-Flasche heraus. Ich hielt sie in der Hand und betrachtete die hellbraune Farbe. Als ich sie öffnete, trieb mir der scharfe Geruch das Wasser in die Augen. Ich war versucht, die Flasche wieder an ihren Platz zu stellen, aber dann entschloß ich mich doch, daraus zu trinken. Ich hatte schließlich nichts zu verlieren. Vielleicht würde sie mir die Zeit vertreiben und meine Stimmung heben. Ich goß ein wenig davon in ein Glas.

Es dauerte einige Minuten, bis ich den Whisky schließlich hinunterbrachte. Er schmeckte scheußlich und verbrannte mir die Kehle, aber ich hielt durch. Das nächste Glas ging schon besser hinunter. Nun wurde mir warm, und der Schlaf überkam mich. Jetzt mußte ich auf der rechten Spur sein, dachte ich und schenkte mir nochmals ein.

Das Zimmer begann sich um mich zu drehen, und das Licht tat meinen Augen weh. Ich kroch ins Bett und löschte die Lampe. Im Nu war ich eingeschlafen und erwachte erst spät am anderen Nachmittag.

Ich fühlte mich elend, als ich erwachte, und entschloß mich deshalb, noch mehr zu trinken, um meinen Kopf wieder klar zu bekommen. So verbrachte ich den ganzen Tag. Ein Glas Whisky – ein Nickerchen – ein Glas Whisky . . .

Irgendwann zwischen Schnaps und Schlaf übermannte mich die Mutlosigkeit. Fragen über Fragen drehten sich in meinem Kopf. Warum probierst du weiter? Warum gibst du es nicht auf?

Ich konnte mich nicht erinnern, daß ich die Wohnung verlassen hätte, aber plötzlich stand ich auf der Straße. In meinem umnebelten Gehirn hatte nur ein einziger Gedanke Platz: Warte auf ein schnelles Auto und wirf dich vor ihm auf die Fahrbahn! Dann ist alles vorüber!

Endlich kam ein Wagen, der schneller fuhr als alle anderen. Da schloß ich fest die Augen, atmete tief und lief auf die Fahrbahn. Bremsen quietschten, und Räder schleiften, und ich wartete auf den Wagen, der mich überfahren sollte. Das dauerte aber lange! Ich sollte doch schon am Boden liegen!

Ich öffnete die Augen und sah, wie der Wagen einen Bogen um mich machte. Der Lenker schüttelte die Faust gegen mich und rief: „Blöde betrunkene Indianerin!" Der Rest seiner Worte wurde vom Lärm seines Wagens übertönt, als er weiterfuhr.

Plötzlich war ich nüchtern und erkannte, daß ich mitten auf einer verkehrsreichen Straße stand. Rings um mich hupten die Autos, als ich versuchte, auf den Gehsteig zurückzukommen.

Mit zitternden Knien wankte ich in meine Wohnung zurück. Ich mußte einen anderen Weg finden, um mir das Leben zu nehmen. Ich trank den restlichen Whisky und warf mich aufs Bett. Ich versuchte, einen schnellen, leichten Weg zu finden, um zu sterben. Ich besaß weder ein Gewehr noch Schlaftabletten. Ich hatte zwar von Leuten gehört, die sich zu Tode tranken, aber das konnte jahrelang dauern. So lange wollte ich nicht mehr warten. Ich wollte es möglichst rasch hinter mich bringen.

Den ganzen nächsten Tag suchte ich nach einem Weg, meinem Leben ein Ende zu setzen. Dutzende von Möglichkeiten gab es, aber keine war leicht. Das Sterben ist nicht einfach.

Ich kam zu der Erkenntnis, daß ich zu arm zum

Sterben war. Ich war zu erschöpft, um ein Gewehr oder Schlaftabletten zu kaufen. Da ich ebenerdig wohnte, konnte ich auch nicht aus dem Fenster springen. Ich hatte nicht einmal einen Strick, um mich zu erhängen. Indianer haben sehr wenig Haare auf dem Körper, deshalb besaß ich nicht einmal Rasierklingen. Der Ofen im Zimmer war elektrisch, so daß ich auch nicht das Gas aufdrehen konnte, um mich zu vergiften. Die einzige Möglichkeit für mich war, vor ein Auto zu springen; und dabei hatte ich meine Nerven verloren – das wollte ich nicht noch einmal durchstehen!

Ich war zu arm, um zu sterben. Ich mußte mir eine neue Arbeit suchen, damit ich mir etwas kaufen konnte, um mir das Leben zu nehmen.

Das war so komisch, daß ich darüber lachen mußte. Leben war schwer, aber Sterben noch schwerer.

10

Am nächsten Morgen besuchte ich Reverend McPherson.

„Haben Sie jetzt Arbeit gefunden?“ fragte er.

„Nein.“ Ich sagte kein Wort davon, daß ich gar keine suchte.

„Ich könnte hier im Büro eine Hilfe brauchen. Allerdings nur für ein paar Tage. Und bezahlen könnte ich nicht viel.“

„Was für eine Arbeit wäre das?“ fragte ich.

„Nun, erstens sollte für die Bücher in der Bibliothek ein Verzeichnis angelegt werden. Einige müssen geklebt werden und brauchen neue Umschläge. Dann sollten Briefe sortiert und abgelegt werden und so weiter.“

Ich überlegte einen Augenblick und antwortete dann: „Danke, aber ich glaube nicht, daß er das gern sehen würde.“

„Wer? Ihr Onkel?“

„Der Wind. Der Wind will nicht, daß ich im Haus eines fremden Gottes arbeite.“

„Aber es gibt doch nur einen Gott!“ entgegnete er.

„Wenn der Wind kein Gott ist, was ist er dann?“ fragte ich.

„Schwer zu sagen. Ein Wissenschaftler könnte Ihnen vielleicht etwas über Hoch- und Tiefdruck, über Kaltluftfronten und ähnliches erzählen. Aber ich glaube, das interessiert Sie gar nicht.“ Dann leuchteten seine Augen auf. „Ich möchte nicht frivol sein, aber mir fiel gerade ein Gedicht ein, das ich als Kind lernte. Louis Stevenson hat es geschrieben. Offensichtlich hatte er seine eigenen Vorstellungen vom Wind. Moment, vielleicht kann ich mich noch daran erinnern. Es ist ziemlich lange her, daß ich ein Kind war.

'Du lässest bunte Drachen steigen
und spielst dem Vogel auf zum Reigen.
Man hört dich hier, man hört dich dort,
wenn man dich sucht, bist du schon fort!
O Wind, du bläsest tagelang;
o Wind, du singst gar lauten Sang!

Du hast so manches ausgeheckt
und feige dich alsdann versteckt.
Du neckst und spielst, du eitler Wicht,
und zeigst niemals dein wahr' Gesicht.
O Wind, du bläsest tagelang;
o Wind, du singst gar lauten Sang!

O Wind, du wehst so eisigkalt.
Sag mir, bist jung du oder alt?
Bist du ein Baum, ein Strauch, ein Tier
oder ein Menschenkind wie wir?
O Wind, du bläsest tagelang;
o Wind, du singst gar lauten Sang!'“

„Wie hieß der letzte Vers nochmal?“ fragte ich, sobald er geendet hatte.

Langsam wiederholte er die Worte, damit ich sie mir einprägen konnte.

„War dieser Mann ein Indianer?“ fragte ich.

„Nein, ein Engländer. Er schrieb dieses Gedicht vor mehr als hundert Jahren.“

„Er hätte Indianer sein sollen – er verstand den Wind!“ Ich wiederholte die Worte, die ich behalten hatte: „Du neckst und spielst, du eitler Wicht. O Wind, du wehst so eisigkalt. Sag mir, bist jung du oder alt? Bist du ein Baum, ein Strauch, ein Tier oder ein Menschenkind wie wir?“ Ich nickte. „Das gefällt mir. Kennen Sie noch mehr Gedichte über den Wind?“ Ich preßte die Hände zusammen und biß mir auf die Lippen. „Wie ist Ihr Gott nun wirklich?“

„Er ist für jeden alles. Die Bibel sagt: 'Wie sich ein Vater über Kinder erbarmt, so erbarmt sich der Herr über die, so ihn fürchten.'“

„Mein Vater hat mich im Stich gelassen. Ich will mir Gott nicht als Vater vorstellen.“

„Die Bibel sagt auch: 'Wie nur eine Mutter trösten kann, so will ich euch trösten.'“

„Meine Mutter ist davongelaufen; sie hat mich vor Jahren verlassen. Seither habe ich nie mehr von ihr gehört“, entgegnete ich.

„Es gibt einen Freund, der anhänglicher ist als ein Bruder.“

„Ich hatte nie einen Freund, und ich habe weder Brüder noch Schwestern“, hielt ich ihm entgegen.

Er zuckte die Achseln und lächelte. „Es heißt auch: 'Ihr Männer, liebet eure Frauen, gleichwie auch Christus die Gemeinde geliebt und sich selbst für sie hingegeben hat.' Aber Sie sind nicht verheiratet, da wird Ihnen auch dieses Wort nicht viel bedeuten, nicht wahr?“

„Nein. Ich glaube nicht, daß eines davon auf mich zutrifft“, antwortete ich.

„Vielleicht keines von diesen Worten. Aber irgendwo in der Bibel steht ein Wort, das sich ganz besonders an Sie richtet, und wenn Sie es hören, wird es Ihr Herz für die geistlichen Wahrheiten der Bibel öffnen. Dann wird für Sie alles anders werden. Wenn Sie diesem Vers begegnen, wird sich Ihr ganzes Leben ändern. Sie werden nie mehr dieselbe sein. Wir wollen so lange suchen, bis wir den Vers gefunden haben, der für Schrei im Wind geschrieben wurde.“ Seine Hand legte sich auf die Bibel.

„Ich glaube nicht, daß da etwas für mich drin steht.“

„In der Bibel steht für jeden etwas. Die Bibel spricht zu jedem Herzen.“

„Sie sagt nichts über den Wind.“ Diesmal hatte ich doch bestimmt recht.

„Sie sagt sehr viel über den Wind!“

Ich sah ihn forschend an. „Was sagt sie darüber?“

„Ich kenne die Stellen nicht alle auswendig, aber ich könnte sie heraussuchen und für Sie aufschreiben. Dann können Sie die Verse in Ihrer Bibel nachlesen.“

„Fein! Ich glaube, es wird mir nicht schaden, wenn ich weiß, was Ihr Buch über den Wind sagt.“ Ich zuckte so beiläufig die Achseln, um nicht zu zeigen, wie sehr mich dieses Thema interessierte.

Als er mir seine Liste gab, legte ich sie sorgfältig zusammen und steckte sie in die Tasche.

Spät nachts, als ich im Bett lag, steckte ich mir einige Kissen unter den Kopf und schlug eifrig alles nach, was die Bibel über den Wind sagte. „Das heißt ja nicht“, beruhigte ich mich, „daß ich mich für diesen Gott interessiere. Ich will nur mehr über den Wind hören.“

Es dauerte lange, bis ich alle diese Verse fand. Ich kannte ja die Reihenfolge der Bücher in der Bibel nicht. Aber endlich hatte ich doch alle meine Verse entdeckt und aufgeschrieben.

Das erstemal wurde der Wind in 1. Mose 8,1 erwähnt: „Da gedachte Gott an Noah und an alle Tiere und an alles Vieh, das bei ihm in der Arche war; und Gott ließ einen Wind über die Erde wehen, daß die Wasser fielen.“

In 2. Mose 15,10 steht: „Als du aber mit deinem Winde wehtest, da bedeckte sie das Meer, sie versanken wie Blei im mächtigen Wasser.“

Hiob sprach vom Wind: „Wie lange willst du solches reden und sollen die Reden deines Mundes sein wie heftiger Wind?“

Immer und immer wieder las ich diese Verse über den Wind, und es schien, als seien sie für mich geschrieben.

„Wer stieg zum Himmel empor und fuhr herab? Wer faßte den Wind in seine Fäuste?“

„Denn siehe, er bildet die Berge und schafft den Wind und zeigt dem Menschen an, was seine Gedanken sind.“

Die Bibel sagt, daß der Herr einen großen Sturmwind auf das Meer sandte. Aber als ich Matthäus 8,26 las, wo es heißt, daß Jesus aufstand und dem Wind gebot, da wußte ich, daß ich etwas gefunden hatte. Weshalb hatte der Wind diesem anderen Gott erlaubt, ihm zu gebieten und ihn zu stillen? Man er-

Ich schlug eifrig alles nach, was die Bibel über den Wind sagte.

teilt doch nur Befehle, wenn der andere niedriger ist, und man folgt einer Weisung nur, wenn sie von jemandem kommt, der klüger und stärker ist und Autorität und Macht hat. Ich wurde neugierig auf diesen neuen Gott. War es möglich, daß er den Wind geschaffen haben könnte?

Langsam schien es, daß ich nur dann halbwegs glücklich war, wenn ich mit Reverend McPherson oder Audrey Gespräche führte. Ich redete mir ein, daß es nur die Langeweile sei, die mich von Zeit zu Zeit zu ihnen trieb. Außerdem waren sie außer Flint die einzigen Leute, die ich kannte, und er hatte so selten Zeit für mich. Immer öfter ging ich zur Kirche. Ich saß gern in Reverend McPhersons gemütlichem Büro mit den hohen Bücherregalen, dem beladenen Schreibtisch und den Pflanzen vor dem Fenster.

„Wie geht es Ihnen heute?“ begrüßte er mich.

„Ich weiß es nicht“, antwortete ich wahrheitsgemäß.

Er lächelte verständnisvoll. „Sie wären überrascht, wenn Sie wüßten, wie viele Leute sich genauso fühlen wie Sie. Sie wissen, daß Sie etwas belastet, aber Sie wissen nicht, was es ist. Wenn Sie mir sagen, wie Ihnen zumute ist, kann ich Ihnen vielleicht helfen.“

Einige Augenblicke saß ich schweigend da. „Es hat keinen Sinn; ich finde nicht die rechten Worte. Wenn mein Herz voll ist, ist mein Kopf leer. Wenn ich allein bin, kann ich an vieles denken, das ich sagen möchte. Auf dem Weg hierher überlege ich immer, was ich Ihnen sagen will. Aber wenn ich zu Ihnen hereinkomme, bleiben meine Worte draußen, und der Wind bläst sie weg." Ich schluckte. „Ich verschwende nur Ihre kostbare Zeit."

„Ganz und gar nicht. Oft ist es gut, mit jemandem zusammen zu sein, auch wenn er kein Wort spricht. Manchmal erfährt man über sein Gegenüber mehr, wenn es schweigt, als wenn es spricht." Er hielt inne. „Vielleicht könnte es Ihnen helfen, Ihre Gedanken und Fragen niederzuschreiben? Sie könnten immer ein kleines Notizheft bei sich haben, und wenn ein Gedanke oder eine Frage auftaucht, worüber Sie reden möchten, könnten Sie es aufschreiben. Wenn Sie mit mir darüber sprechen wollen, können Sie das Heft mitbringen und mir daraus vorlesen."

Er wühlte in dem Durcheinander auf seinem Schreibtisch. „Ah! Hier ist es! Ich gebe Ihnen für den Anfang dieses kleine Notizheft. Ich habe es neulich gekauft und hatte noch keine Zeit, etwas hineinzuschreiben. Nun wartet es darauf, daß Schrei im Wind es mit ihren Gedanken füllt." Er lächelte, lehnte sich über den Schreibtisch und drückte es mir in die Hand. Dann griff er in seine Brusttasche und zog eine Feder heraus. „Nun haben Sie ein Heft, eine Feder – und Ideen! Das weiß ich! Sie müssen nur noch diese drei zusammenbringen!"

Freudig streckte ich die Hand aus und ergriff seine Geschenke. Ich lächelte, als ich das Heft durchblätterte und die leeren, weißen Seiten sah, die nur darauf warteten, gefüllt zu werden. „Ich will jetzt gehen." Ich stand auf. „Ich gehe nach Hause und werde etwas schreiben."

„Ich freue mich darauf, es zu lesen." Er begleitete mich bis zur Tür.

„Vielleicht komme ich wieder“, sagte ich zögernd.

„Ich rechne damit!“

Ich zögerte. Eigentlich wollte ich noch nicht gehen. „Vielleicht am Freitag“, fügte ich hinzu.

„Sie sind bei uns immer willkommen.“ Er gab mir die Hand, dann ging ich die Treppe hinunter.

Auf der letzten Stufe blieb ich stehen und drehte mich nochmals um. Er stand hinter der Tür und sah mir nach. Ich winkte ihm noch zu und lief die Straße hinunter.

Ich hatte es so eilig, heimzukommen, daß ich ganz außer Atem war, als ich vor meiner Haustür stand. Ich zog eilig den Mantel aus, setzte mich an den Tisch und öffnete das Heft. Ich nahm die Feder zur Hand und schrieb in großen Buchstaben „Schrei im Wind“ auf die erste Seite. Nur einen Augenblick hielt ich inne. Dann schien es, als ob die Feder Zauberkraft in sich hätte. Worte und Gedanken strömten von mir. Ich schrieb mehrere Seiten voll, bevor ich das Geschriebene überflog. Schreiben war so einfach, so leicht. Man konnte alles ausdrücken, was man auf dem Herzen hatte. Weshalb nur war das Reden so schwer, so mühsam?

Ich schrieb einige Fragen auf, die ich Reverend McPherson über Jesus und Gott, seinen Vater, stellen wollte. Ich erinnerte mich daran, daß mich Reverend McPherson gefragt hatte, was ich über den Wind dächte. Darum begann ich den Wind zu beschreiben. Ich schrieb auch über das Geisterpferd. Es war, als ob in meinem Herzen Tausende von unausgesprochenen Worten darauf warteten, zu Papier gebracht zu werden. Ich konnte nicht schnell genug schreiben, um mit meinen Gedanken Schritt zu halten.

Ich schrieb, bis die letzte Seite voll war. Dann legte ich die Feder hin und schaute auf die Uhr. Es war zwei Uhr morgens. Nun merkte ich erst, wie steif meine Finger vom vielen Schreiben waren. Ich streckte meine müden Glieder und fühlte mich frei und glücklich. Gedanken und Gefühle, die jahrelang in mir schlummerten, hatten nun endlich ihren Ausdruck gefunden. Lächelnd schlief ich ein und wußte, daß ich nicht bis Freitag warten konnte, um zu Reverend McPherson zu gehen. Morgen schon wollte ich ihn besuchen.

Sobald ich ihn sah, gab ich ihm die Gedichte, die ich geschrieben hatte. Ängstlich wartete ich auf sein

Es war, als ob in meinem Herzen Tausende von unausgesprochenen Worten darauf warteten, zu Papier gebracht zu werden.

Urteil. Es war für mich unendlich wichtig, was er darüber dachte.

Der Wind – von Schrei im Wind

Der Sommerwind ist warm, leidenschaftlich, voller Leben. Er streichelt die Blumen, bis sie erzittern. Die Bäume flüstern sich die Geheimnisse des Waldes zu, wobei die wilden Rosen erglühen. Eine Schaukel schwingt sich durch die Luft, als ob die Seele eines kleinen Mädchens aus ferner Zeit immer noch lachte und unter dem gleichen Baum spielte.

Die Zeit ist nun entschwunden. Der Wind ist unterdessen älter, klüger und vielleicht sogar zornig geworden, weil er seinem Schicksal nicht enteilen kann.

Achtlos fegt er die dürren Blätter des Herbstes beiseite – wie ein verschmähter Liebhaber seine einstigen Träume. Das braune Gras reibt sich an den geknickten Blumenstengeln, deren verwelkte Blüten längst fortgeweht sind.

Der Winter ist gekommen. Der Wind ist alt und verbittert, einsam und verlassen wie ein Witwer. Die Blätter liegen im Schnee begraben, und der Mond scheint hell und klar, wenn er im Eis des Teiches seine Schönheit betrachtet.

Die Schaukel bewegt sich nicht mehr. Schneemassen halten sie in schweigsamer Gefangenschaft.

Der Wind bläst immer noch, aber seine Kraft und seine Seele sind dahin. Der runzlige, alte Mann ruft vor den Häusern und bittet um Einlaß, um seinen vor Kälte zitternden Körper am Feuer zu wärmen. Er rüttelt am Fenster und pocht an die Tür, aber keiner gewährt ihm Einlaß. Er bleibt allein in der kalten Nacht. Zornig gibt er der Schaukel einen Stoß und befreit sie aus ihrer Gefangenschaft.

Dann schleicht der alte Wind langsam durchs Tal und verschwindet in der Nacht. Lautlos und traurig geht er, ohne Abschied. Die Bäume rühren sich nicht; sie winken ihm nicht nach. Sie stehen einfach da, vielleicht empfinden sie Trauer, vielleicht aber auch nichts.

Allein (für Pascal geschrieben)

Zwar ist's zu spät, doch trauern wir.
Verächtlich spricht man heut von dir!
Vielleicht, hätt' jemand einst gesagt:
„Ich lieb dich!" – Er wäre nicht verzagt.
Die Zeit zählt nicht nach Tagen, Stunden,
sie zählt nach Freuden, zählt nach Wunden.
War er denn wirklich böse, schlecht?
Oder allein, traurig – doch recht?
Er lebte, und er starb allein,
hatt' nicht Frau, nicht Kind, nicht Heim.
Niemand weiß genau zu sagen,
wie schwer die Last, die er getragen.
Die Menschen gingen an ihm vorbei,
ohne zu fragen, ob glücklich er sei.
Er zählte nicht, war niemals gefragt;
er nahm sich das Leben – so wird's gesagt.
Wenn einer von euch ihm Liebe gezollt -
Sterben? Nein, sterben hätt' er niemals gewollt!

Das Geisterpferd – von Schrei im Wind

Heut nacht schlaf ich bestimmt nicht mehr,
denn der Mond scheint hell, der Wind weht schwer.
Wenn hell der Mond, wenn frei der Wind,
dann kommt zu mir der Geister Kind!

Mit stolzem Blick stehst du vor mir,
bereit, mich wegzutragen von hier.
Der Wind ist dein Leben, dein Atemzug,
trägt dich in die Ferne! Nicht schnell genug?

Du reitest mit mir bis ans Ufer der See.
Hinein in die Brandung – doch fest ich steh!
Die salzige Gischt netzt mein Gesicht;
du reitest fort, bis dein Auge bricht.

Auf, über Berg und Tal wir reiten,
rufen den Wind, uns zu begleiten.
Wir reiten durch Wildnis, durch Staub und Sand
bis in das ferne, fremde Land.

Mein Herz wird schwer; der Ritt ist aus,
und du, mein Freund, bringst mich nach Haus.
Es dämmert des neuen Tages Licht;
wir sind daheim, wenn die Nacht anbricht!

Mein Geisterpferd, komm, bleib bei mir;
ich fürcht' nicht den Tod, solange du hier.
Trag mich ins ferne, fremde Land,
das noch kein irdisches Wesen fand.

Als Reverend McPherson fertig war, lächelte er mir freundlich zu. „Gut! Wirklich gut! Mir gefällt es! Besonders das 'Geisterpferd' ist schön. Ich wußte, daß viel in Ihnen steckt. Ich glaube, wir werden

Mit stolzem Blick stehst du vor mir.

den Schleier des Geheimnisses um Schrei im Wind noch lüften!" Er gab mir das Notizheft zurück. „Sie sollten diese Gedichte veröffentlichen."

„Kein Mensch würde lesen, was Schrei im Wind geschrieben hat", antwortete ich.

Reverend McPherson lehnte sich im Stuhl zurück und sah mich an. „Wer ist Schrei im Wind in Wirklichkeit?" fragte er. Der Ton seiner Stimme verlangte nach einer Antwort.

„Ich bin niemand." Ich dachte, diese Auskunft genüge. Aber seine Augen hielten mich fest und verlangten, noch mehr zu wissen. „Ich bin der ungewollte Sproß zweier Menschen, die einander haßten. Ich habe meinen Vater nie gesehen, denn er verließ meine Mutter, bevor ich geboren wurde; und deshalb haßte sie ihn. Meine Mutter war jung und wollte nicht durch ein Kind, das sie nie gewollt hatte, gebunden sein. Darum ließ sie mich bei meiner Großmutter im Reservat. Aber es spielte ja keine Rolle. Ich habe meine Eltern nicht vermißt. Großmutter hat für mich gesorgt, und meine Onkel wohnten in der Nähe. Es ist gut gegangen." Schwer kamen die nächsten Worte über meine Lippen: „Ich bin ein wertloser Mischling. Es ist, als ob zwei Menschen versuchten, in einem Körper zu leben." Bitter fügte ich hinzu: „Jetzt wissen Sie, wer Schrei im Wind ist – niemand!"

Reverend McPherson sagte weich: „Dann weiß ich mehr über Schrei im Wind als sie selbst. Sie malen Bilder – das macht Sie zur Künstlerin. Sie schreiben wunderbare Gedichte – das macht Sie zur Dichterin. Sie sind ein reizendes junges Mädchen mit klugem Verstand. Sie könnten eine große Zukunft haben. Nicht Ihre Eltern, sondern Gott hat Sie geschaffen. Derselbe Gott, der Himmel und Erde geschaffen hat, ist auch Ihr Schöpfer. Ihr Leben ist nicht von Ihren Eltern her bestimmt. Sie können sein, was immer Sie sein wollen. Sie sind ein einmaliges Wesen von hohem Wert. Es gibt keinen zweiten Menschen auf der ganzen Welt, der wie Schrei im Wind ist. Gott hat Sie erschaffen, und für ihn sind Sie wertvoll. Sie bedeuten für ihn mehr als ein Stern am Himmel, denn er hat Millionen von Sternen, aber nur ein Mädchen wie Sie. Für Gott sind Sie wertvoller als alle Berge und Flüsse."

Das war mehr, als ich verstehen konnte. „Mehr wert als ein Stern am Himmel?" fragte ich.

„Ja", antwortete er, „mehr wert als das Leben seines einzigen Sohnes. Denn die Bibel sagt uns: 'Denn Gott hat die Welt so geliebt – denn Gott hat Schrei im Wind so geliebt –, daß er seinen eingeborenen Sohn gab, damit jeder – damit Schrei im Wind –, der an ihn glaubt, nicht verloren gehe, sondern ewiges Leben habe.'"

„Nein, das stimmt nicht", antwortete ich, denn ich wußte genau, daß mein Name nicht in der Bibel stand.

„Man könnte es so sagen, weil Sie für Gott so wertvoll sind, daß Jesus für Sie am Kreuz gestorben wäre, selbst wenn Sie der einzige Mensch auf dieser Welt wären. Sie dürfen nie mehr sagen, daß Sie niemand sind, denn Sie sind ein ganz besonderer Mensch. Sie sind ein besonderer Mensch für Gott und für Audrey und für mich. Ich habe das Gefühl, daß eines Tages Tausende von Menschen von Schrei im Wind hören werden. Ich kenne den Plan

Gottes für Ihr Leben nicht, aber eines weiß ich: Er hat einen besonderen Plan für Ihr Leben. Vielleicht will er Ihre künstlerische Begabung oder andere Talente gebrauchen, die noch in Ihnen schlummern. Gott hält seine Hand über Sie, und wenn Sie aufhören, gegen ihn zu kämpfen, und sich von ihm führen lassen, wird er große Dinge in Ihrem Leben tun." Er hielt einen Augenblick inne. „Möchten Sie, daß ich für Sie bete?"

„Nein", antwortete ich schnell. „Ich will nicht an Ihren Gott glauben."

Reverend McPherson lächelte. „Ich meine fast, Sie glauben schon an ihn, denn sonst hätten Sie nicht so Angst, Gott könnte meine Gebete erhören, daß Sie eine Christin werden."

Ich beobachtete ihn genau. Er glaubte wahrhaftig jedes Wort, das er sagte. Er dachte, daß ich etwas wert sei. War ich für Gott wirklich wertvoller als ein Stern? Als ich an jenem Abend heimging, betrachtete ich die Sterne und dachte sehnsüchtig: Könnte es sein, könnte es wirklich sein, daß ich für Gott mehr wert war als ein Stern?

11

Als ich heimkam, wartete Flint auf mich. „Wo warst du?“ erkundigte er sich.

Ohne zu überlegen, gab ich zur Antwort: „Ich ging zu einer Kirche und habe mit dem Pfarrer gesprochen.“ Dann schwieg ich, denn plötzlich wurde mir bewußt, daß ich ihm das nicht hätte sagen sollen.

„Was? In einer Kirche warst du?“ Er wurde wütend.

„Ja“, antwortete ich und fügte schnell hinzu: „Aber nicht in einem Gottesdienst. Ich habe nur mit dem Pfarrer gesprochen.“ Es war zu spät – ich konnte meine unbedachten Worte nicht mehr zurücknehmen.

„Du bist ja verrückt! Weshalb hast du das getan? Du bist Indianerin! Du brauchst keinen Schwarzrock!“

Flint gebrauchte den indianischen Ausdruck für Missionare. Die ersten Missionare unter unserem Volk waren katholische Priester gewesen, die lange, dunkle Roben trugen. Seit damals wurde jeder weiße Prediger „Schwarzrock“ genannt.

Flints Stimme war hart, und in seinen Augen funkelte der Haß. „Die Kickapoos haben nie die Religion des weißen Mannes angenommen. Von den Kickapoos sind mehr ihren alten Pfaden treu geblieben als von anderen Stämmen. Wir sind stolz darauf, daß uns der weiße Mann nie seine Religion aufschwatzen konnte oder unsere Kinder in unseren Schulen unterrichtete. Wir haben seine Schulen niedergebrannt und seine Kirchen angezündet. Wenn Schwarzröcke zu uns kamen, haben wir sie getötet! Weshalb hast du mit einem solchen gesprochen?“

„Ich weiß es nicht“, antwortete ich leise. „Ich kannte eben sonst niemand. Wir haben nur über Gedichte und ähnliches gesprochen.“

Ich habe Flint noch nie so zornig gesehen. Er hatte die Kiefer so fest aufeinandergebissen, daß seine Halsmuskeln hervortraten.

„Hör gut zu und vergiß nicht, was ich dir jetzt sage“, stieß er zwischen zusammengepreßten Zähnen hervor. „Ich wollte nie die Verantwortung für dich übernehmen, aber Cloud hat sie mir übergeben. Ich habe versprochen, ein Auge auf dich zu haben, weil du zur Familie gehörst. Bis jetzt hat es keine Schwierigkeiten mit dir gegeben, aber ich warne dich! Keine meiner Nichten wird sich mit diesen hinterlistigen Weißen oder ihrer verrückten Religion einlassen! Geh nie wieder dorthin, sonst ziehe ich dir bei lebendigem Leibe die Haut ab!“ Mit diesen Worten verließ er mich und schmetterte die Tür ins Schloß.

Zuerst wollte ich Flint gehorchen. Er war mein Onkel. Ich ging nicht mehr zur Kirche. Nach einigen Tagen wurde mir jedoch bewußt, wie sehr mir die Besuche bei den McPhersons fehlten. Bis jetzt hatte ich gedacht, daß es für mich keine Rolle spielte, ob ich hinginge oder nicht, aber ohne Reverend McPhersons Freundschaft und Audreys

Wärme gab es ein großes Loch in meinem Leben. Ich vermißte die Kirche und wagte es doch nicht, gegen Flints Willen hinzugehen.

Spät am Nachmittag läutete das Telefon, und ich erschrak bei dem ungewohnten Lärm. Nie vorher hatte bei mir das Telefon geläutet.

„Hallo!"

„Ist Schrei im Wind dort?"

„Ja."

„Hier ist Audrey. Wir haben dich vermißt, mein Kind. Geht es dir gut?"

„Ja."

„Wir hoffen, daß du heute abend zur Kirche kommst. Wir haben einen Weihnachtsgottesdienst. Es würde uns sehr freuen, dich bei uns zu haben."

„Gut", sagte ich und hängte auf. Nachher fragte ich mich, ob sie wirklich alles gesagt hatte, was sie sagen wollte, oder ob ich sie unterbrochen hatte. Ich würde mich nie daran gewöhnen, in einen Apparat hineinzureden und nur zu einer Stimme zu sprechen. Man sollte sein Gegenüber sehen, wenn man mit ihm spricht.

War es mir bis jetzt in der Kirche schon schön vorgekommen, so überwältigte sie mich jetzt geradezu. Überall brannten Kerzen. Tannenäste und Weihnachtssterne schmückten den Altarraum. Auf dem Altar selbst war eine Krippenszene dargestellt.

Ich ging nach vorn zum Altar, um alles aus der Nähe betrachten zu können. Der Schnee fiel von meinem Mantel und hinterließ eine nasse Spur auf dem Teppich.

Auf dem Altar war ein kleiner Stall mit Eseln, Kühen und Schafen aufgebaut. In einer Ecke waren ein Mann und eine Frau, die sich über ein neugeborenes Kind in einer Krippe beugten. Die flackernden Kerzen ließen sie wie lebendige Menschen erscheinen.

Ich hatte die Geschichte von der Geburt des Kindes schon gekannt, aber sie war für mich nur eine Legende. Als ich jetzt vor diesen winzigen Figuren stand, wußte ich plötzlich, daß sie Menschen darstellten, die wirklich gelebt hatten. Maria und Josef hatten wirklich gelebt; und wenn das so war, war auch das Kind Jesus wirklich zur Welt gekommen. Die Weisen und die Hirten hatten es geglaubt und waren gekommen, um das Kind Jesus zu sehen. Es war nicht mehr nur eine schöne Geschichte. Es war die Wahrheit!

Langsam streckte ich die Hand aus. Ich wollte das kleine Kind in der Krippe berühren. Aber in diesem Augenblick hörte ich Leute hereinkommen. Ich ging zu den Bänken und setzte mich. Kurz danach setzte sich eine Frau neben mich. Sie beugte sich zu mir und flüsterte mir zu: „Wir freuen uns, daß Sie hier sind. Mein Name ist Sally."

„Sally?" wiederholte ich. Die Weißen hatten doch merkwürdige Namen. Es waren nur Töne, keine Worte. Es war leicht, Namen wie „Singender Vogel" oder „Grauer Fuchs" zu behalten, aber unter Sally konnte man sich doch nichts vorstellen.

Sie lächelte. „Macht es Ihnen etwas aus, daß ich mich zu Ihnen gesetzt habe? Ich sitze nicht gern allein. Es ist viel schöner, neben einer Freundin zu sein."

Als sie das Wort „Freundin" aussprach, begegneten sich unsere Augen, und ich wußte, daß sie damit mich meinte. Wieder lächelte sie, und jetzt wußte ich, daß ich das Mädchen namens Sally nie mehr vergessen würde.

Der Gottesdienst begann. Reverend McPherson ging zur Kanzel und las die Weihnachtsgeschichte vor. Der Chor sang Lieder – schöner als alles, was ich bisher gehört hatte: „Stille Nacht", „Welch ein Kind" und andere.

Ich wußte plötzlich, daß diese winzigen Figuren Menschen darstellten, die wirklich gelebt hatten.

Ich warf verstohlene Blicke auf die Leute ringsum. Auf ihren Gesichtern stand geschrieben, daß sie jedes Wort glaubten, das sie sangen.

Nach dem Gesang schloß Sally ihr Liederbuch und sagte: „Ich habe die Weihnachtslieder so gern. Ich wollte, wir könnten sie öfter als nur einmal im Jahr singen."

„Aber weshalb singt ihr die schönsten Lieder nur einmal im Jahr?" fragte ich. „Ich würde sie das ganze Jahr hindurch singen. Sie sind so schön!"

„Ja, sie sind wirklich schön."

Der Gottesdienst war vorüber, und die Leute verließen eiligst die Kirche. In meinem Herzen war tiefer Frieden, als ich nach Hause ging. Es war frischer Schnee gefallen, und es sah aus, als lägen viele kleine Sterne auf der Straße. Meine Fußspuren waren die einzigen weit und breit. Es war, als sei ich die einzige Person, die in dieser reinen, weißen Welt lebte.

Als ich zu Hause ankam, sah ich frische Fahrradspuren, die zu meiner Wohnung führten. Der Schnee vor meiner Haustür war weggefegt, und irgend etwas lag auf der Treppe. Es war eine große Schachtel, auf der in riesigen Buchstaben mein Name stand.

Ich schloß die Tür auf, drehte das Licht an und zog die Schachtel herein. Sie war schwer und kaum zu tragen. Sorgfältig schloß ich die Tür wieder, zog meine Jacke aus und kniete mich neben die Schachtel. Dann hob ich vorsichtig den Deckel hoch.

In der Schachtel lagen etwa ein Dutzend Dosen mit Suppen, Gemüse und Fleisch. Daneben lagen zwei Päckchen in glänzendem roten Papier. Ich nahm das größere und wickelte es aus. Es kam eine wunderschöne rote Jacke zum Vorschein. Ich drückte sie an meine Wange. Wie konnte etwas so weich sein? Ich zog sie an. Sie paßte ausgezeichnet. Dann öffnete ich das andere Päckchen: ein Buch über Indianer, die Christen waren.

Es war die schönste Strickjacke, die ich je gesehen hatte.

Als ich es öffnete, fiel ein Umschlag heraus. Ich legte das Buch beiseite und öffnete den Brief. Es war eine Weihnachtskarte. Eine schöne Karte mit einem Krippenbild. „Ihre Freunde von der Kirche wünschen Ihnen ein gesegnetes Weihnachtsfest", las ich.

Meine Hände zitterten. All das für mich? Für mich? Nein, unmöglich! Es mußte ein Irrtum sein. Ich schaute noch einmal auf die Schachtel. Ja, es stand mein Name darauf. Aber weshalb? Weshalb sollten mir die Leute von der Kirche etwas schenken? Ich war eine Fremde für sie, und doch hieß es auf der Karte „Ihre Freunde". Waren sie wirklich meine Freunde? Weshalb? Ich hatte nichts, worüber sich jemand freuen würde.

Ich saß auf dem Boden, noch immer in meiner neuen roten Jacke, und nahm eine Dose nach der anderen aus der großen Schachtel. Wie wunderbar wird das schmecken! Dann nahm ich die Weihnachtskarte und stellte sie auf meinem Nachttisch auf. Das Krippenbild - Maria, Josef und das Kind – sah doch genauso aus wie die Krippe in der Kirche.

Vorsichtig legte ich die Jacke zusammen und streichelte sie ein letztes Mal, bevor ich sie in die Schublade legte. Dann räumte ich die Lebensmittel ein. So viel – und alles für mich!

Früh am nächsten Morgen klopfte es an meiner Tür. Es war Flint. „Hallo!" rief er. „Ich dachte, ich könnte schnell auf einen Sprung zu dir kommen und sehen, was du machst."

„Fein, daß du da bist! Was hast du in der letzten Zeit gemacht? Ich habe dich lange nicht mehr gesehen. Willst du mit mir essen?"

Er gab keine Antwort, aber ich schob dennoch etwas in das Backrohr. Er würde eine warme Mahlzeit nicht verschmähen.

Er schwieg lange, dann sagte er: „Ich habe meine Arbeit aufgegeben. Ich mochte sie nie besonders, so bin ich zu diesem Entschluß gekommen."

„Was wirst du denn jetzt machen?" Plötzlich kam ich mir vor wie Reverend McPherson. Er hatte genauso reagiert, als ich ihm erzählte, ich hätte meine Arbeit aufgegeben.

„Ach, ich weiß es nicht. Ich werde schon etwas finden. Eine Arbeit ist so gut wie die andere. Ich könnte Pferde zureiten auf der Circle-L-Ranch. Das sind nur fünfzehn Kilometer von hier." Er stand auf und lief hin und her.

Plötzlich blieb er stehen und stieß mit dem Fuß auf die große Schachtel. „Was soll diese Schachtel hier?"

„Ich habe ein Weihnachtsgeschenk bekommen", antwortete ich. Eigentlich wollte ich ihm erzählen, von wem es war und wie sehr ich mich darüber freute, aber ich wagte es nicht. Ich war glücklich, daß er nicht weiter darauf einging.

Beim Essen sprachen wir über unsere Familie und Leute, die wir kannten. Ich fragte ihn, ob er etwas von Cloud gehört habe. Er schüttelte den Kopf und meinte, er werde wohl kaum wieder etwas von ihm hören. Das machte mich traurig, denn ich vermißte Cloud. Ich hoffte immer noch, daß er eines Tages zurückkommen würde.

Nach dem Essen lehnte er sich in seinem Stuhl zurück und rieb sich den Bauch. Nach alter Indianersitte rülpste er laut und vernehmlich, um seine

Anerkennung zu zeigen. „Das war herrlich, Schrei. Du bist keine schlechte Köchin. Schade, daß du keinen Ehemann findest, für den du kochen kannst. Aber du bist viel zu mager, um etwas wert zu sein."

„Ich bin wertvoller als ein Stern", entgegnete ich.

„Was sagst du da?"

„Ach, nichts weiter. Bleibst du heute bei mir?"

„Nein, ich muß jetzt gehen. Danke für das Essen!" Als er die Tür öffnete, blies der Wind Schnee in meine Wohnung.

„Bitte komm bald wieder, Flint! Bleib nicht mehr so lange fort!"

„Keine Angst, ich komme schon wieder vorbei", sagte er und ging zu seinem Wagen.

Ich winkte ihm und wußte, daß dieses „ich komme wieder vorbei" Tage, Wochen oder sogar Monate bedeuten konnte. Ich hätte so gern gehabt, daß er geblieben wäre. Es war schön, jemand um sich zu haben, mit dem man sprechen konnte.

Ich sank in einen Lehnstuhl und griff nach dem Buch, das ich bekommen hatte. Bald war ich darin vertieft.

Einige Tage später ging ich zur Kirche, um Reverend McPherson für das Weihnachtsgeschenk zu danken. Wir sprachen nur kurz miteinander. „Es ist Zeit für den Gottesdienst. Ich muß in der Sakristei Licht machen. Sie sind herzlich willkommen, wenn Sie bleiben wollen."

„Was ist denn heute los?"

„Heute ist ein Gottesdienst für Kranke. Wir beten für alle, die krank oder behindert sind oder irgendwelche Schwierigkeiten haben."

„Ich bin nicht krank. Mich muß man nicht heilen!" antwortete ich und zog dabei den Mantel an.

„Ich glaube doch, daß in Ihnen noch das kleine Kind steckt, das in der Vergangenheit manche Wunde bekommen hat, die noch nicht verheilt ist. Ich glaube, daß dieses kleine Kind so oft verletzt wurde, daß Sie es hinter einer Steinmauer versteckt haben, damit ihm nichts mehr passieren kann. Wollen Sie es nicht wieder herauslassen?"

Ich gab keine Antwort.

Schnell fuhr er fort: „Heute abend werden nur eine Handvoll Leute da sein. Es sind alles reizende Leute, aufrichtige Christen. Sie würden Ihnen gern helfen, wenn Sie es nur wollen. Sie könnten ohne weiteres in der letzten Bank sitzen. Sie müssen weder etwas sagen noch etwas machen."

Beinahe sagte ich ja. Ich wollte bleiben, aber aus einem unbegreiflichen Grund, den ich nicht verstehen konnte, schüttelte ich den Kopf. Ich sah, daß er enttäuscht war. Als ich draußen stand, trieb es mich, wieder umzukehren. Beinahe wäre ich zurückgegangen – da hörte ich ihren Gesang aus der Sakristei und wußte, daß der Gottesdienst schon begonnen hatte. Ich hatte zu lange gebraucht, um mich zu entscheiden. Ich ging langsam nach Hause und hatte das Gefühl, etwas Wichtiges verpaßt zu haben.

12

Die ganze Woche über dachte ich darüber nach und entschloß mich, am Mittwochabend zur Kirche zu gehen. Ich wollte in einer der letzten Bänke sitzen und aufpassen, was die Leute sagten und machten. Wenn ich hinten saß, konnte ich jederzeit aufstehen und weggehen.

Als der Mittwoch endlich kam, wollte ich mich soeben anziehen, um zur Kirche zu gehen, als Flint vorfuhr. Es war das erstemal, daß mir sein Besuch nicht willkommen war. Ich wußte, daß ich nicht zur Kirche gehen konnte, wenn ich ihn hereinbat, deshalb ging ich ihm entgegen und schloß hinter mir die Tür.

„Hallo! Du gehst weg?“ fragte er erstaunt, als er aus dem Wagen kletterte.

„Ja. Ich wußte nicht, daß du heute abend kommen würdest, deshalb habe ich mir etwas anderes vorgenommen.“

„Eine Verabredung?“ fragte er.

„Nein.“ Ich konnte ihm doch nicht sagen, daß ich zur Kirche wollte!

„Soll ich dich irgendwohin bringen?“ erbot er sich.

„Nein. Ich gehe lieber zu Fuß. Aber hab vielen Dank! Komm doch morgen zum Essen! Ich mache dir ein paar Toastschnitten.“ Ich wußte, daß er gerne Toast hatte, und hoffte, er würde an morgen abend denken und den heutigen Abend darüber vergessen.

„Abgemacht." Er ging zum Wagen zurück. „Kann ich dich wirklich nicht ein Stück mitnehmen?"

Ich schüttelte den Kopf, und er ging weg. Ich war froh, daß er in entgegengesetzter Richtung davonfuhr.

Ich eilte die Straße entlang und kümmerte mich nicht um das, was um mich her vorging. Sonst wäre mir aufgefallen, daß mir ein Wagen folgte. Erst als ich über den Parkplatz vor der Kirche ging, hörte ich ein Auto hinter mir. Mir stockte das Herz vor Schreck, als ich mich umdrehte und Flint sah. Er war mir gefolgt, um zu sehen, wohin ich ging.

„Hallo!" rief ich. Wenn er doch nicht so zornig aussähe!

„Das ist also dein großes Geheimnis!" höhnte er und deutete mit dem Kopf auf die Kirche. „Das ist also der Grund, warum du kaum mehr daheim bist. Du gehst zur Kirche!"

„Hier ist es schön, Flint", antwortete ich. „Es ist ein guter Ort."

„Wie kann ein Ort gut sein, der dich deiner Familie, deinem Volk und deinen Göttern entfremdet?" erwiderte er scharf. „Wenn du gegen alles Alte bist!"

„Das stimmt nicht. Ich bin der gleiche Mensch, der ich immer war."

„Nein, eben nicht. Du bist anders, und das mag ich nicht. Die anderen aus unserer Familie wollen es auch nicht! Was auch immer sie dir da drin für Lügen erzählt haben, vergiß sie und denk daran, wer du bist! Diese Religion ist für den weißen Mann. Er soll sie behalten! Du aber bleib dort, wo du hingehörst, und versuche nicht, jemand zu sein, der du nicht bist."

„Weshalb bist du so böse? Was spielt es für eine Rolle, ob ich hierher komme oder nicht? Ich gehöre nicht zu ihnen. Ich komme nur her, weil die Leute nett zu mir sind und ich die Geschichten und die Musik gern höre. Es ist besser, hier zu sein, als allein zu Hause herumzusitzen."

„Du kannst mit mir kommen, wenn du dich einsam fühlst."

„Du gehst nur in Bars oder zu Peyote-Festen", antwortete ich. Als ich den zornigen Ausdruck seiner Augen sah, bereute ich meine unbedachten Worte.

„Peyote ist der Gott deines Volkes!" Er war wütender als je zuvor. „Diese Leute vergiften deinen Geist! Steig ein und komm mit mir. Und untersteh dich, noch einmal hierher zu gehen!" Er packte mich am Arm und wollte mich in den Wagen ziehen.

Ich riß mich los und lief auf die Kirche zu.

„Komm sofort zurück!" rief er mir nach, aber ich lief weiter. Ich hörte, wie die Autotür zuschlug, und dachte, er sei weggefahren, aber im nächsten Moment stand er neben mir.

„Ich warne dich, Schrei im Wind! Wenn du nicht sofort mit mir kommst, wirst du es bitter bereuen!" Er fuchtelte mit seiner Peitsche vor meinem Gesicht herum.

Ich wußte, daß er die Peitsche früher für die Pferde gebraucht hatte, aber ich war überzeugt davon, daß er sie nie gegen mich richten würde. Es war nur eine Drohung. „Laß mich in Ruhe!" sagte ich und wollte weitergehen.

Flint knallte mit der Peitsche. Sie sauste durch die Luft und fiel auf meine linke Schulter. Ich taumelte. Als er die Peitsche wieder hob, kehrte ich ihm den Rücken zu, zog die Schultern ein und wartete auf den nächsten Hieb. Die Peitsche schnitt mir in den Rücken. Ein eiskalter Schauer überlief meinen ganzen Körper. Nach ein paar weiteren Schlägen empfand ich keinen Schmerz mehr. Es war mir, als sei ich nicht mehr in meinem Körper und Flint schlage einen anderen Menschen. Ich weiß nicht, wie oft er auf mich einschlug. Endlich hörte er auf.

Ich wartete auf den nächsten Hieb. Als keiner mehr kam, stand ich auf und sah Flint ins Gesicht. Er stand mit hängenden Armen vor mir. Die Peitsche hielt er so locker in der Hand, als wolle er sie

Die Peitsche schnitt mir in den Rücken.

jeden Augenblick zu Boden fallen lassen. Er schüttelte einige Male den Kopf und ging ein paar Schritte zurück.

„Komm nie mehr hierher!" sagte er mit rauher Stimme. Aber in seiner Drohung lag keine Kraft mehr. Wie ein Gespenst stand er da. Dieser Mann war nicht der Onkel, den ich kannte. Dieser Mann vor mir sah müde und mager aus. Seine Augen hatten den Ausdruck eines gehetzten Tieres, das zu erschöpft ist, um weiter zu laufen, und nur noch auf den Tod wartet.

Ich brachte keinen Ton hervor. Die Stimme gehorchte mir nicht.

Flint drehte sich um und ging weg. Einen Augenblick später hörte ich das Brummen des Motors. Er fuhr davon.

Ich ging um die Ecke und stieg die Treppe zur Kirche hinauf. Die Betäubung war gewichen, und mein Rücken brannte wie Feuer. Bei jeder Bewegung empfand ich von neuem einen brennenden Schmerz in der Schulter. Ich mußte meine ganze Kraft anwenden, um die schwere Tür zu öffnen und hineinzukommen. Die Lichter schienen zu hell, und der Boden unter mir schwankte. Reverend McPherson kam auf mich zu. Dann versagten meine Beine, und ich fiel zu Boden. Mein Gesicht berührte die Kühle des Bodens. Ich schloß die Augen, und meine Sinne schwanden.

„Ich glaube, sie erwacht", sagte eine Stimme aus weiter Ferne.

Ich versuchte, die Augen zu öffnen.

Eine kühle Hand legte sich auf meine Stirn. „Wie fühlst du dich?" fragte die sanfte Stimme.

Endlich konnte ich meine Augen lange genug offenhalten, um Audrey neben mir zu erkennen. Ich lag auf dem Bauch in einem weichen Bett. Ich wollte mich bewegen, aber das Feuer brannte wieder auf meinem Rücken, und ich blieb still liegen.

„Dein Rücken ist übel zugerichtet. Du mußt wahrscheinlich einen Arzt aufsuchen“, sagte Audrey. Ich spürte, wie sie mit sanften Händen etwas Kühles auf meinen Rücken strich.

„Nein“, antwortete ich schwach, „keinen Arzt.“

„Was ist geschehen? Wir könnten dir helfen. Was auch passiert ist, wir möchten dir helfen.“

Dein Rücken ist übel zugerichtet.

Als sie meinen Rücken verarztet hatte, warf sie die blutigen Wattebäusche in den Abfalleimer. „Wenn es dir besser geht, will mein Mann mit dir reden."

„Es geht mir gut", sagte ich.

Audrey half mir, mich aufzurichten. Dann ging sie zum Schrank, holte eine Bluse heraus und half mir, sie anzuziehen. „Sie ist dir zwar zu groß, aber deine ist zerrissen", sagte sie, und ihre Stimme versagte. Nachdem sie mir in die frische Bluse geholfen hatte, nahm sie meine, die zerrissen und blutig war, und warf sie ebenfalls in den Abfalleimer. Dann ging sie hinaus.

Ich saß auf der Bettkante und hielt mich am Bettpfosten fest, weil ich so zitterte. Dann klopfte es an die Tür, und ich hörte die Stimme von Reverend McPherson: „Darf ich hereinkommen?"

„Bitte."

„Meine Frau macht eine Tasse Tee für Sie. Wie geht's?"

Ich wollte die Achseln zucken, aber da durchfuhr mich wieder dieser heftige Schmerz. Der Ausdruck meines Gesichtes zeigte deutlich, wie ich mich fühlte.

„Wollen Sie mir nicht sagen, was geschehen ist?"

„Mein Onkel –" Ich holte tief Luft. „Mein Onkel und ich hatten eine Auseinandersetzung. Er hat gewonnen." Ich wollte eigentlich lächeln, aber es gelang mir nicht.

„Ich verstehe nicht", antwortete er.

„Mein Onkel hat mir verboten, hierher zu kommen. Heute abend hat er vor der Kirche auf mich gewartet. Er wollte, daß ich mit ihm komme. Ich aber wollte zur Kirche, darum hat er mich geschlagen."

„Wollen Sie damit sagen, daß Ihr eigener Onkel Sie so zugerichtet hat, weil Sie hierher kommen?"

Ich nickte.

„Das sollte man nicht für möglich halten! Während ich in der Kirche saß und für den Gottesdienst betete, hat man Sie wenige Meter vor der Kirche ausgepeitscht! Das kann doch nicht möglich sein! Nicht in Amerika – nicht in der heutigen Zeit! Das darf er doch nicht! Wir rufen die Polizei und lassen ihn festnehmen."

„Das kann ich nicht", antwortete ich.

„Natürlich können Sie das! Niemand darf Sie so behandeln und ungeschoren davonkommen!"

„Er ist mein Onkel. Ich kann ihn nicht anzeigen. Wenn ich es täte – die ganze Familie würde sich geschlossen gegen mich stellen. So etwas passiert oft im Reservat."

„Aber Sie sind nicht im Reservat", rief er. „Sie sind hier nicht schutzlos jemandem ausgeliefert. Sie haben das Recht, die Kirche zu besuchen." Es sah aus, als wollte er noch mehr sagen, aber er war zu erregt, um die richtigen Worte zu finden.

„Macht nichts. Es tut ja nicht so weh", sagte ich müde, obwohl es mehr schmerzte als irgend etwas je zuvor. Vielleicht war es nicht so sehr die Peitsche, sondern der Gedanke, daß es Flint war, der die Peitsche hielt.

Er atmete tief. „Ich war noch nie so wütend wie jetzt."

Audrey kam mit einer Tasse heißen Tee. Die beiden saßen still da, während ich trank.

Als ich fertig war, gab ich ihr die Tasse zurück. „Ich glaube, ich sollte jetzt gehen“, sagte ich.

„Nein!“ antworteten beide. Dann meinte Audrey: „In diesem Zustand lassen wir dich nicht weg! Du bist krank, und du solltest nicht allein bleiben. Wir behalten dich bei uns, bis es dir besser geht. Außerdem wäre es zu gefährlich für dich, jetzt allein in deiner Wohnung zu sein. Was würdest du tun, wenn dein Onkel plötzlich auftauchte?“

„Machen Sie sich keine Sorgen um mich!“

„Wir sorgen uns aber um dich, weil wir dich lieb haben“, antwortete Audrey.

Ihre Antwort verschlug mir den Atem. Nie im Leben hatte jemand diese Worte zu mir gesagt: „Wir haben dich lieb.“

Sie drehte sich zur Kommode und nahm ein Nachthemd heraus. „Du bleibst bei uns“, entschied sie. „Morgen früh kann ich in deine Wohnung gehen und holen, was du brauchst. Du kannst bleiben, so lange du willst. Wir werden nicht zulassen, daß dir noch etwas geschieht.“

Ich gab keine Antwot. Es war möglich, daß Flint zu Hause auf mich wartete, und ich wollte wirklich hier bleiben, wo ich in Sicherheit war. Sicherheit – welch wohltuendes Wort.

Reverend McPherson ging hinaus. Audrey half mir, mich für die Nacht fertig zu machen, und deckte mich mit einer weichen, warmen Wolldecke zu. „Gute Nacht, Liebes“, sagte sie. Sie beugte sich über mich und gab mir einen Kuß auf die Stirn.

Etwas in meinem Innern zersprang. Ich brach in Tränen aus und schlang meine Arme um sie.

Sie setzte sich aufs Bett und hielt mich liebevoll

umschlungen, und ich klammerte mich mit ganzer Kraft an sie. Mein Leben lang hatte ich nichts anderes als Grobheiten und rauhe Behandlung gekannt. Heute abend, zum erstenmal im Leben, hatten zwei Menschen zu mir gesagt: „Wir haben dich lieb." Jemand hatte mich wie ein kleines Kind zu Bett gebracht und mir einen Gute-Nacht-Kuß gegeben. Jemand machte sich Sorgen um mich, und jemand war wütend, weil ich geschlagen worden war. Zwei Menschen hatten mich in ihrem Heim aufgenommen, mir das Blut abgewaschen und meine Wunden verbunden. Nun wollten sie, daß ich bei ihnen blieb, damit sie mich beschützen konnten. Es stimmte, sie hatten mich wirklich lieb! Endlich hatte mich jemand lieb!

Ich schluchzte und hing an ihrem Hals, während sie mir das Haar zurückstrich, mich in ihren Armen wiegte und mich beruhigte, als wäre ich ein kleines Kind.

„Alles wird gut", tröstete sie mich. „Alles wird in Ordnung kommen. Wir lieben dich, und Gott liebt dich noch mehr. Du bist nicht mehr allein. Du bist in Sicherheit."

Ich wollte, daß sie es noch tausendmal sagte: „Du bist nicht mehr allein. Du bist in Sicherheit!"

Endlich schlief ich in ihren Armen ein. Als ich in der Nacht kurz erwachte, sah ich, daß neben mir ein großes Kissen lag, damit ich mich nicht auf den Rücken rollen konnte, was mir wieder Schmerzen verursacht hätte.

„O Cloud, ich wollte, du wärst bei mir! Du hättest es nie zugelassen, daß Flint mich schlug", flüsterte ich vor mich hin und schlief wieder ein.

Die nächsten Tage waren die glücklichsten, die ich je erlebt hatte. Zum erstenmal schenkte mir jemand zärtliche Aufmerksamkeit, die ich als Kind nicht gekannt hatte. Audrey wurde für mich schnell die Mutter, die ich nie gehabt, und Reverend McPherson nahm den Platz des Vaters ein, den ich nie gekannt hatte. Friede und Liebe herrschten in diesem Haus, und ich gehörte zu ihnen.

Eines Abends saßen wir nach dem Essen vor dem Fernsehapparat und sahen uns einen alten Western an. In der ersten Szene schoß eine Reitertruppe Indianer nieder.

„Weshalb spricht man von einer Schlacht, wenn die Indianer von den Weißen getötet werden, und von einem Massaker, wenn die Indianer auf die Weißen schießen?“ fragte ich mit finsterer Miene.

„Du kämpfst immer noch einen Kampf, der seit hundert Jahren zu Ende ist“, antwortete Reverend McPherson. „Hör auf zu kämpfen, Schrei im Wind! Der Krieg ist vorbei. Der eigentliche Kampf spielt sich nicht auf dem Schlachtfeld, sondern in deinem Herzen ab.“

Ich wäre gern für immer bei den McPhersons geblieben, aber ich wußte, daß ich irgendwann einmal nach Hause gehen mußte. Ich fand, daß es jetzt an der Zeit war.

Als ich wieder zu Hause war, dachte ich ständig an Flint. Ich glaubte ihn hinter jedem Busch und in jeder Ecke zu sehen. Als zwei Wochen vergangen waren, atmete ich erleichtert auf. Vielleicht war Flint gar nicht mehr hier. Vielleicht war er nach Mexiko gegangen, wo viele Kickapoos lebten.

Als ich eines Abends aus der Kirche kam, wartete

er auf mich. „Du warst wieder in der Kirche, nicht wahr?“ fragte er drohend und kam auf mich zu.

„Ja“, antwortete ich und fühlte mich merkwürdig ruhig und tapfer.

„Wenn du damit nicht aufhörst“, sagte er mit rauher Stimme, „werden wir die Totenklage für dich halten.“

Mir stockte der Atem. „Das glaube ich nicht“, stieß ich hervor. Aber ich wußte, daß die Sache für ihn zu ernst war, um solche Worte nur einfach so leichthin auszusprechen. Es war das Schlimmste, was meine Angehörigen mir antun konnten. Sie würden sich treffen und die Totenklage für mich anstimmen. Dann würde man nie wieder von mir sprechen. Für sie wäre ich dann tot. Jede Verbindung wäre dann für immer abgeschnitten.

„Tot?“ flüsterte ich. Ich fühlte mich beinahe tot, als ich das Wort aussprach.

„Ich gebe dir bis Samstag Zeit. Überlege dir die Sache gut und entscheide dich.“ Dann wurde er für einen Augenblick wieder mein Onkel, und seine Stimme wurde sanfter. „Komm doch zurück! Dieses neue, verrückte Zeug ist es nicht wert, die Familie dafür einzutauschen. Du hast nur uns.“

Mein Herz krampfte sich zusammen, und ich war unsagbar müde. Jetzt wollte ich nicht nachdenken, um eine Entscheidung zu treffen. Weshalb konnte es nicht so bleiben, wie es war? Weshalb konnte ich nicht die Feste der Indianer besuchen, wenn mir danach zumute war, und die Kirche, wenn ich dorthin wollte? Es wäre um vieles einfacher. Ich sollte nicht zwischen einem von ihnen wählen müssen. Und ich war ja ohnehin zur Hälfte Indianerin und zur Hälfte Weiße. Zwei Welten. Hatte ich damit nicht das Recht, zu beiden zu gehören?

Ich durfte es nicht dazu kommen lassen, daß mir meine Verwandten für immer den Rücken kehrten, daß ich aus ihrem Leben verschwand wie Sandspuren im Wind, als ob ich nie gelebt hätte. Nein, das war dieser Mann Jesus nicht wert. Er konnte nicht erwarten, daß jemand um seinetwillen die Familie aufgab. Ich erinnerte mich, daß Reverend McPherson einmal erwähnt hatte, daß jemand, der Jesus folgen wolle, ihn mehr lieben müsse als Vater und Mutter. Nein, dieser Jesus verlangte entschieden zuviel von einem Menschen. Ich wollte ihm nicht folgen.

Ich sah Flint nicht wieder. Ich hatte keine Möglichkeit festzustellen, ob er seine Drohung wahr machen würde. Zum erstenmal war ich froh, daß Cloud nicht hier war. Wenn Flint seine Drohung wahr machte, würde Cloud in die Totenklage einstimmen müssen – und das wollte ich nicht.

13

Nun fand ich es an der Zeit, mit dem Wind zu sprechen. Gewiß war er es, der mich in diese verworrene Situation gebracht hatte. Er war böse auf mich und hatte mir seine Gunst entzogen. Er würde mir das Leben schwer machen, bis ich mich wieder auf seine Seite stellte. Deshalb war ich entschlossen, sobald es dunkel wurde, auszugehen und den Wind zu suchen.

Ich konnte den Sonnenuntergang kaum erwarten. Dann machte ich mich auf den Weg zu einem Hügel außerhalb der Stadt. Der Weg schien lange. Ich war nahe daran aufzugeben, aber ich wußte, wenn der Wind auf mich böse war, würde er mich so lange quälen, bis ich ihm wieder gehorchte.

Endlich erreichte ich den kleinen Hügel und kletterte hinauf. Er war nicht so hoch wie unserer zu Hause, und er hatte auf dem Gipfel auch keine heiligen Zeichen. Ich hatte zwar nicht viel Hoffnung, daß der Wind mein Gebet hören würde, aber ich erfüllte das vorgeschriebene Ritual und rief seinen Namen. Dann wartete ich auf ein Zeichen, daß er mich gehört hatte, auf eine Antwort. Aber es kam kein Wind auf, nicht einmal eine leichte Brise. Kein Blatt bewegte sich, alles blieb still. War der Wind so böse, daß er nicht einmal mit mir sprechen wollte? Oder war er daheim im Reservat geblieben? Blies er über andere Hügel und Täler, um mit anderen Indianern zu sprechen? Ich dachte immer, der Wind könne überall sein, aber er war nicht hier, nicht heute abend, nicht, wenn ich ihn brauchte.

Ich dachte daran, was Reverend McPherson über seinen Gott gesagt hatte, der jederzeit und überall war. Es mußte schön sein, einen Gott wie diesen zu haben.

Nach einer Weile wußte ich, daß der Wind heute abend nicht sprechen wollte, deshalb gab ich auf und machte mich auf den Heimweg.

Ich war zwar sehr müde, aber ich wußte, daß ich, selbst wenn ich im Bett lag, keine Ruhe finden würde. Für mich gab es keine Ruhe. Kickapoo – der ewige Wanderer – stand einmal hier und einmal dort, er wanderte, suchte, das war seine Bestimmung. Ich ging an meiner Wohnung vorbei und lenkte meine Schritte der Kirche zu. Je näher ich kam, desto schneller lief ich. Nun war ich kaum mehr müde. Mein Herz schlug schneller, ich war in Eile. Etwas Wichtiges lag vor mir, und ich durfte nicht zu spät kommen! Jetzt lief ich, obwohl ich meine Beine vor einer Stunde kaum noch schleppen konnte. Ich lief die Treppe hinauf und platzte in die Kirche.

Reverend McPherson stand hinten und hörte dem Chor bei der Probe zu. Er drehte sich um, und ich lief ihm entgegen.

„Schrei im Wind!“ Er schien zu fühlen, daß dies nicht einer meiner üblichen Besuche war.

„Ich wollte mit dem Wind sprechen, aber er war nicht da. Er gab mir keine Antwort. Ich möchte einen Gott, der immer da ist, der immer Antwort gibt. Wann immer ich mit meinen alten Göttern reden will, steht mir der neue Gott im Weg! Ihr Gott stiehlt sich immer in meine Gedanken, und dabei weiß ich nicht einmal, wer er ist!“

„Ich glaube, du weißt, wer Gott ist. Ich glaube, daß du ihn im Grunde deines Herzens immer gekannt hast. Darum bist du so ruhelos, so voller Zweifel und Fragen. Gott hat dich gerufen, aber du wolltest ihm keine Antwort geben.“

„Weshalb kann er mich nicht in Ruhe lassen!?“ begehrte ich auf – ein letztes Mal.

„Weil dich Gott zu sehr liebt, um dich in Ruhe zu lassen. Er sorgt sich um dich. Er liebt dich, und er gibt dich nicht auf, nur weil du eigensinnig bist. Es gibt keinen Ort, an den du vor Gottes Liebe fliehen könntest. Er hat dich bei deinem Namen gerufen, Schrei im Wind. Er will, daß du ihm folgst. Er will, daß du seine Liebe annimmst.“

Unsicher stand ich auf der Schwelle. Dann hörte ich den Chor, und die Botschaft des Liedes erreichte mein Herz: „O Liebe, heil’ge Wundermacht, so unaussprechlich groß, du hast Erlösung mir gebracht, machst mich von Sünden los.“

Die Worte drangen in mein Herz wie das leise Flattern eines Schmetterlings. Eine zarte Bewegung, so fein, daß man sie kaum beachtete, aber ich hatte sie gespürt. Ich wußte, sie war hier.

Gott liebte mich! Ob ich gut oder böse war, wichtig oder nicht – er liebte mich so, wie ich jetzt, in diesem Augenblick, war.

„O Liebe, heil’ge Wundermacht, so unaussprechlich groß, du hast Erlösung mir gebracht –“ Ja, das war für mich! Meine Seele war müde vom Suchen, sie sehnte sich nach Ruhe. Ja, Gott liebte mich zu sehr, um mich allein zu lassen. Er hatte mich wie ein Kind beschützt. Er hatte mich davor bewahrt, mir das Leben zu nehmen. Er hatte mich in diese Kirche und zu den McPhersons geführt. Er hatte es zugelassen, daß Großmutters Haus abbrannte, damit ich wieder in die Stadt zurückkommen mußte, wo er auf mich wartete. So vieles wurde mir plötzlich klar. So vieles hatte dazu beigetragen, daß ich diesen Augenblick erleben durfte.

„Möchtest du beten?“ fragte Reverend McPherson mit leiser Stimme.

„Ich weiß nicht, was ich sagen soll.“

„Sprich einfach aus, was du im Herzen fühlst.“

„Gott – o Gott – kannst du mich hören? Weißt du, wer ich bin? Ich bin Schrei im Wind. Ich gehörte bis jetzt dem Wind. Aber nun gehöre ich dir, wenn du mich haben willst.“

Dann kamen die Tränen. Ich sprach und weinte, aber ich weiß nicht mehr, was ich sagte. Zeit spielte keine Rolle, als ich zum erstenmal mit Gott sprach. Es war beinahe zuviel, um es auf einmal zu erfassen. Gott liebte mich – mich – mich! Jesus starb für mich – mich! Nun war ich gerettet! Ich war Christin, ich war ein Gotteskind! Ich blickte zu Reverend McPherson hinüber.

Er lächelte und fuhr sich verstohlen mit dem Taschentuch über die Augen. „Preis sei Gott“, sagte er. „Preis sei seinem heiligen Namen! In diesem Augenblick wird der Name von Schrei im Wind im Himmel genannt. Audrey und ich haben unzählige Male für dich gebetet. Nun ist unser Gebet erhört worden. Gott hat Großes und Herrliches mit dir vor. Du hast dich gegen ihn aufgelehnt. Er hat so lange um deine Seele gerungen, daß er für dich bestimmt eine besondere Aufgabe haben muß."

„Was wohl die Zukunft für mich bringen wird?" fragte ich. Zum erstenmal im Leben wußte ich, daß ich eine Zukunft hatte.

„Ich weiß nicht, was die Zukunft für dich bringt, aber ich weiß, wer sie in der Hand hält", sagte er.

Wir sprachen noch eine Weile miteinander, dann holte er Audrey. Sie brachten mich nach Hause. Ein neues Erlebnis vertiefte unsere Freundschaft. Nun

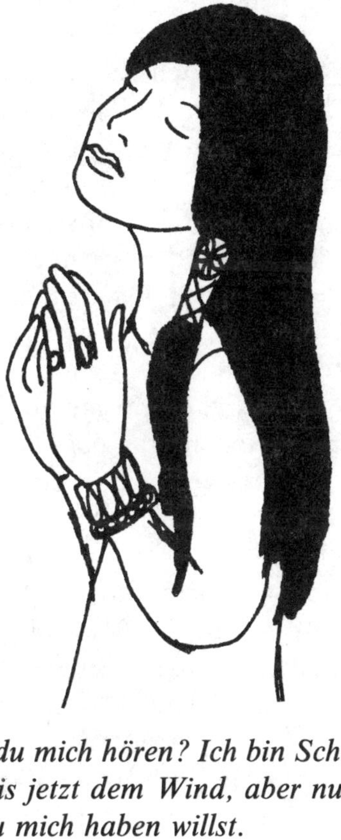

Gott, kannst du mich hören? Ich bin Schrei im Wind. Ich gehörte bis jetzt dem Wind, aber nun gehöre ich dir – wenn du mich haben willst.

gehörte ich wirklich zur Familie. Noch vor wenigen Stunden hatte ich nichts. Jetzt besaß ich alles.

Auf meinem Heimweg wußte ich, daß jetzt alles anders war. Nie mehr würde ich allein sein!

Ich las in der Bibel, bis mir die Augen zufielen. Als ich im Bett lag, dachte ich an Großmutter und wünschte, ich hätte ihr von Jesus erzählen können. Dann dachte ich an meine Eltern, und in meinem Herzen war keine Bitterkeit mehr, kein Zorn. Die lodernden Kriegsfeuer waren gelöscht und würden nie wieder brennen. Das war gut so. Meine müde, ruhelose Seele hatte endlich Frieden gefunden.

Ich schlief ein, und ich schlief wie ein Kind in den Armen der Mutter. Als ich am nächsten Morgen erwachte, war die Welt ganz neu – und ich auch. Die Sonne schien hell, und das Leben war so herrlich wie nie zuvor. Ich lächelte den ganzen Tag und sang Weihnachtslieder vor mich hin. Es waren die einzigen, von denen ich den Text auswendig konnte.

Nun wollte ich mir eine Stelle suchen.Ich wollte in der Nähe der Kirche und meiner Freunde bleiben. Den ganzen Nachmittag lief ich herum, jedoch ohne Erfolg. Mittags ging ich in eine kleine Imbißstube, um ein Sandwich zu essen, etwas zu trinken und mich auszuruhen.

Während ich aß, bemerkte ich, daß mich ein Mann immerzu anstarrte. Jedesmal, wenn ich aufsah, begegneten sich unsere Blicke. Als ich aufstehen und das Lokal verlassen wollte, kam er zu mir herüber.

„Entschuldigen Sie, Fräulein, daß ich Sie so unverschämt angestarrt habe, aber ich habe Ihr wunderschönes Halsband bewundert. Ich möchte gerne wissen, wo Sie es gekauft haben."

„Ich habe es selbst gemacht", antwortete ich.

„Wirklich? Es ist sehr schön. Ich habe ein Juweliergeschäft hier in der Nähe. Ich verkaufe indianischen Schmuck, hauptsächlich Navajo-Silber und Türkise, aber auch anderes. Heutzutage findet man selten gute Perlenarbeiten." Er betrachtete noch einmal mein Halsband. „Sie werden nichts zu verkaufen haben?"

„Oh – ich habe noch einige Halsbänder", sagte ich in der Hoffnung, er interessiere sich dafür.

„Könnten Sie sie mir einmal ins Geschäft bringen, damit ich sie ansehen kann?" Er griff in seine Tasche und zog seine Visitenkarte hervor.

„Aber sicher", antwortete ich. „Haben Sie Interesse daran? Früher habe ich oft Perlenarbeiten verkauft."

„Wenn alle Ihre Arbeiten so hübsch sind wie diese, dann kaufe ich sie gern." Er lächelte und ging weg.

Plötzlich kehrte er wieder um und kam zu mir zurück. „Mir kam gerade ein Gedanke." Er lachte vor sich hin. „Sie suchen nicht zufällig Arbeit?"

Vor Überraschung blieb mir der Mund offen. „Doch, genau das mache ich heute: Ich suche eine Stelle."

„Nicht zu glauben! Meine Frau und ich führen das Geschäft. Außer Schmuck verkaufen wir noch indianische Malereien und Navajo-Teppiche. Seit Monaten suchen wir einen indianischen Silberschmied, doch wir können einfach keinen finden. Vorhin kam mir plötzlich der Gedanke: Warum ausgerechnet ein Silberschmied? Warum nicht ein Indianermädchen, das Perlenarbeiten macht? Sie könnten auch im Verkauf mithelfen.“ Er hielt inne, um Luft zu holen. „Kommen Sie doch zu meiner Frau! Sie kann Ihnen von unserer Arbeit erzählen.“

Ich war zu überwältigt, um Worte zu finden. Sofort ging ich mit ihm in sein Geschäft.

Eine Stunde lang führte mich seine Frau im Laden herum und erklärte mir, was zu tun sei. Es war ein Wunder! Ich durfte Dinge verkaufen, die ich liebte und von denen ich etwas verstand, nicht Töpfe, Pfannen und Porzellan. Ich durfte schöne indianische Teppiche und Schmuck verkaufen, Perlenarbeiten machen. Diesmal fand ich eine Stelle, weil ich Indianerin war – nicht trotzdem! Sie schienen glücklich, mir die Stelle zu geben, und ich war froh, sie zu haben. Am nächsten Morgen sollte ich mit der Arbeit beginnen.

Sobald ich das Geschäft verlassen hatte, rief ich Reverend McPherson und Audrey an. „Soll ich Ihnen von einem Wunder erzählen?“ fragte ich. Dann berichtete ich, was Gott an meinem ersten Tag als Christin für mich getan hatte.

An diesem Abend ging ich zur Kirche. Es war eine kleine Gebetsversammlung, und nachher blieben einige Leute zu einer Aussprache zurück.

Sally war auch dort. Ich erzählte ihr von meiner neuen Stelle und daß ich bald zu ihrer Kirche gehören würde. Sie war überglücklich.

Neben uns sagte eine Frau: „Wir freuen uns, daß Sie zu unserer Kirche kommen, aber es ist schade, daß Sie sich damit von Ihrer Kultur und Ihrem Erbe abwenden. Ich dachte immer, die Indianer seien Kinder der Natur, und ihre Religion sei wunderbar. Beten Sie nicht auch den Großen Geist an? Ist er nicht auch Gott?"

Ich wand mich auf meinem Stuhl. Eigentlich wollte ich sprechen, aber ich hatte Angst. Dann sah ich, daß mir Audrey, Sally und Reverend McPherson ermutigend zulächelten, und das gab mir Mut, etwas zu sagen.

„Die Religion der Indianer erscheint nur Außenstehenden schön. Für uns, die wir um die Angst, den Schrecken und die Hoffnungslosigkeit dieser Religion wissen, ist sie nicht schön. Ich erinnere mich noch an einen jungen Mann, der seine Frau verlor und den Medizinmann um Hilfe bat. Heute noch sehe ich ihn vor mir, wie er, zu Tode erschrokken, schreiend durch die Nacht lief. Niemand hat ihn je wieder gesehen. Wenn die indianische Religion so schön ist, warum begehen dann, im Vergleich zu anderen Rassen, vorwiegend Indianer Selbstmord? Warum gibt es unter den Indianern so viele Alkoholiker? Der Große Geist, den ich anrief, war nicht der wahre Gott. Es gibt Leute, die sagen, es spiele keine Rolle, welchen Gott man anbetet. Aber es spielt sehr wohl eine Rolle, sonst hätte Gott nicht in seinem Wort gesagt: 'Es ist in keinem andern das Heil; denn es ist auch kein anderer Name unter dem Himmel den Menschen gegeben, in welchem wir sollen gerettet werden!'" Dann schaute ich in die Runde. Alle Blicke waren auf mich gerichtet. Ich hatte zuviel gesagt.

Die Dame fragte weiter: „Aber könnte man denn nicht die Kultur der Indianer dadurch retten, daß man sie ins Christentum hineinnimmt? Könnten die

Indianer nicht eine eigene Kirche haben, ihre Symbole verwenden und ihre Sagen und Legenden in biblische Wahrheiten kleiden? Glauben Sie nicht, daß Sie sich dann im Christentum mehr daheim fühlen würden?"

„Nein, ich glaube, das wäre ein Fehler. Ich kann nicht Peyote-Perlenarbeit sehen, ohne an die Droge Peyote zu denken. Ich kann nicht die Sagen der Indianer hören, ohne an die Vergangenheit erinnert zu werden. Die Symbole und Perlenarbeit der alten indianischen Religion sind mehr als eine Zierde; sie verkörpern falsche Götter. Der Indianer muß bereit sein, etwas aufzugeben. Gott hat seinen Sohn aufgegeben. Das Erbe ist wichtig, aber nicht wichtiger als das Heil. Die Tradition zu schützen, ist wichtig, aber nicht wichtiger als die Frage, wo wir die Ewigkeit zubringen werden."

„Ja, Sie haben recht", sagte die Dame. „Ich habe das nie verstanden. Könnten Sie einmal in unseren Frauenkreis kommen und erzählen, was Sie soeben gesagt haben?"

„O nein, das kann ich nicht! Ich könnte nie vor vielen Leuten sprechen!"

„Du hast es aber gerade getan", lachte Sally. „Und du hast es gut gemacht. Wenn du uns mehr von deinen Leuten erzähltest, könnten wir mehr für sie tun."

Ich war einverstanden, am nächsten Donnerstag im Frauenkreis zu sprechen. Es war eine Gelegenheit, meinem Volk zu helfen!

Glücklich ging ich an diesem Abend zu Bett. Mir schien, als sei mein Leben bis jetzt wie eine welkende Knospe an einem verdorrten Weinstock gewesen. Dann hatte jemand lebenspendendes Wasser über mich ausgegossen. Und nun begannen die Knospen zu blühen.

Ich weiß nicht, woher ich den Mut hatte, in der Kirche zu sprechen, aber ich bin sicher, daß mir die Worte von Gott eingegeben wurden.

„Danke, Herr Jesus“, betete ich. „Danke, mein Freund!“

14

Es war schön, bei Herrn und Frau Megel zu arbeiten, und ich liebte die Arbeit. Nichts hätte besser sein können. Jeden Morgen erwachte ich fröhlich und freute mich darauf, den ganzen Tag vor mir zu haben. Ich hatte es immer eilig, ins Geschäft zu kommen, und freute mich darauf, den Kunden zu zeigen, welch schöne Arbeiten die Indianer machen. Wenn ein Kunde Interesse zeigte, erzählte ich ihm eine alte Sage oder von den Stämmen, die die Teppiche oder Schmuckstücke herstellten. Sie hörten gerne zu. Mein Leben war erfüllt. Nie versäumte ich einen Gottesdienst. Oft besuchten mich Sally oder andere Leute aus der Kirche in meiner Wohnung.

Flint aber sah ich nie mehr. Nach jener letzten Nacht war er verschwunden. Ich ging zu seiner Wohnung, aber man sagte mir, er sei ausgezogen, sie wüßten nicht, wohin. Ich vermißte Flint. Ich wußte, daß er über das, was er gesagt und getan hatte, traurig war. Und ich wollte ihm so gerne sagen, daß ich ihm nicht böse sei, ihn verstehen könne und ihm verziehen habe.

Ich dachte viel an Cloud und hätte gerne gewußt, wo er sich aufhielt. Vor mehr als einem Jahr war er fortgegangen. Immer noch hoffte ich, er würde zurückkommen oder sich mit mir in Verbindung setzen, aber je mehr Zeit verstrich, desto geringer wurde diese Hoffnung. Vielleicht war er tot? Nein, das durfte nicht sein. Ich wollte ihm von Jesus erzählen und wie sehr sich mein Leben geändert hatte. O Cloud, weshalb bist du fortgegangen?

Eines Tages, als ich von der Arbeit nach Hause kam, steckte ein Brief in meinem Kasten. Als ich die einfache, runde Schrift sah, wußte ich, daß er von Cloud war. Ich las den Absender. Er war in Oregon. Vor Aufregung riß ich beim Öffnen des Briefes eine Ecke ab. Ich las: „Hallo, Schrei! Wie geht es Dir? Ich hoffe, Du verzeihst mir, daß ich fortgegangen bin und Dich allein gelassen habe. Ich möchte Dir erzählen, was mit mir geschehen ist. Nach unserem Abschied ging ich auf Wanderschaft und landete endlich hier in Oregon. Ich lernte ein Mädchen kennen. Sie war schön und gut. Sie erzählte mir von einem Mann, der Jesus heißt. Zuerst hörte ich ihr nicht zu, aber sie sprach immer wieder davon, daß ich mein Herz diesem Jesus schenken sollte – bis ich wußte, daß sie recht hatte. Ich kann es Dir nicht so erklären, aber die alte Religion ist eine Lüge. Sie ist falsch. Es gibt nur einen Gott. So vieles möchte ich Dir noch sagen. Mary (dieses Mädchen) und ich wollen im Sommer heiraten. Ich habe all das gefunden, was ich ein Leben lang suchte. Ich arbeite in einem Sportklub und zeige den Leuten, wie man fischt und jagt. Manchmal bin ich auch Fremdenführer. Es ist eine gute Stelle. Ich bin glücklich und möchte dieses Glück mit Dir teilen. Ich werde Dir ein Buch schicken, das man die Bibel nennt. Bitte lies es! Tu es mir zuliebe. Weißt Du, wo Flint ist? Bitte schreibe mir, wie es Dir geht. In Liebe, Cloud.“

Ich drückte den Brief an mein Herz. Tränen der Freude rollten über meine Wangen. Auch Cloud hatte Jesus gefunden! Es war ein Wunder! Wir waren beide auf der Suche gewesen, auf der Suche nach dem wahren Leben. Wir waren in verschiede-

Auch Cloud hatte Jesus gefunden!

ne Richtungen gegangen, doch dann hatten wir beide – beinahe zur selben Zeit und Hunderte Kilometer voneinander entfernt – Gott gefunden!

Ich setzte mich hin, um Clouds Brief sofort zu beantworten und ihm meine eigene wunderbare Geschichte zu erzählen. Ich sah sein Gesicht vor mir, sein Lächeln, wenn er meinen Brief lesen würde. In Hunderten von Jahren hatte es in unserer Familie keinen einzigen Christen gegeben. Nun, innerhalb von zwei Wochen, waren es bereits zwei!

15

„Indianer überfallen Wounded Knee, Süd-Dakota.“ Diese Schlagzeilen erregten im Frühling 1973 die Gemüter. Eine Handvoll Indianer, mit alten Jagdwaffen ausgerüstet, hatten den Vereinigten Staaten den Krieg erklärt.

Ich sorgte mich um sie. Diese Handvoll Indianer wagte es, gegen die größte Nation der Welt aufzustehen – bestimmt würde das Häuflein Indianer im Nu von der Regierung erledigt sein. Und was blieb dann von ihnen übrig? Hatte die Regierung nicht immer wieder Indianer getötet? Indianer konnten nur verlieren, wie es immer schon gewesen war.

Jeden Tag überflog ich die Zeitungen und war darauf gefaßt, von einem zweiten Wounded-Knee-Massaker zu lesen. Tage und Wochen vergingen, die Spannung wuchs, aber die Indianer waren immer noch auf ihrem Platz.

Einige Mitglieder der AIM (Amerikanische Indianer-Bewegung) hatten Wounded Knee besetzt, um die Aufmerksamkeit der Amerikaner auf die Roten zu lenken, die immer und überall im Hintertreffen waren. Jahrelanges Verhandeln hatte ihnen nichts gebracht. Nun dachten viele Indianer, es sei an der Zeit, drastische Maßnahmen zu ergreifen.

Viele Indianer wurden vom alten Haß getrieben und wollten das Kriegsbeil wieder ausgraben. Wer konnte sagen, wie viele Indianer im ganzen Land die gleichen Gefühle hegten? Wie viele würden in ihre Wagen steigen und nach Wounded Knee fahren, um Rache zu üben? Dutzende? Hunderte? Die junge Generation der Indianer hatte genug vom Leben im Reservat, genug von korrupten Beamten und den Versprechungen der BIA (Büro für Angelegenheiten der Indianer), die nie gehalten wurden. Sie wollten etwas anderes, und sie wollten es sofort. Deshalb wurde die AIM ins Leben gerufen, und – ob richtig oder falsch – sie konnte die Leute zumindest dazu bringen, Notiz von den Indianern zu nehmen.

Ich hatte von Flint nichts mehr gehört oder gesehen und fragte mich, ob auch er in Süd-Dakota war. Ich wußte, daß er gerne mitmachen würde. Er wollte schon immer ein Krieger sein. Ich hatte ihn schreien hören: „Die Macht dem Indianer!“ – wobei er so tat, als schieße er einen Pfeil ab. Ich hörte die Stimmen meiner Onkel, die den Schlachtruf ertönen ließen: „Heute ist der richtige Tag, um zu sterben!“

Ich ging früh zur Kirche, damit ich noch mit Reverend McPherson sprechen konnte, bevor der Mittwochabend-Gottesdienst begann. „Ich bin ein wenig durcheinander“, erklärte ich ihm. „Einerseits bin ich stolz auf die Indianer in Wounded Knee, andererseits habe ich Angst um sie. Ich wollte sogar, ich wäre dort und könnte ihnen helfen. Ich weiß, daß man sie umbringen wird. Die Regierung bringt die Indianer immer um. Das ist gewöhnlich das Ende vom Lied.“ Ich fühlte mich elend.

„Ich verstehe dich nicht in allem“, antwortete Reverend McPherson, „aber ich weiß, daß es für jeden tragisch wäre, dort zu sterben. Du mußt bedenken, daß wir nicht mehr im Jahre 1890 leben. Die Tatsache, daß die Regierung nichts unternommen hat, zeigt, daß sich die Zeiten geändert haben. Die Regierung sucht eine friedliche Lösung."

„Weshalb habe ich nur so Angst?" fragte ich. „Ich bin jetzt Christin. Mein Herz hat sich geändert. Weshalb fühle ich mein altes Blut aufwallen, daß ich am liebsten dorthin laufen und mitschreien würde: 'Seht uns an! Wir sind tapfer! Wir sterben für unser Recht!'"

Er lächelte. „Zuerst einmal – auch Christen werden zornig. Zornig zu werden, ist menschlich, und ich würde sagen, daß die Indianer ein Recht darauf haben, zornig und mutlos zu werden. Ich glaube nicht, daß du ein Gewehr ergreifen und zu ihnen gehen solltest, aber du könntest ihnen auf andere Art helfen."

„Wie kann man einer verlorenen Sache helfen?" murmelte ich.

„Nichts ist verloren, solange jemand an seine Sache glaubt. Das erste, was wir tun können, ist beten."

Ich sah ihn an.

„Wir können dafür beten, daß die Indianer nach ihrem besten Ermessen handeln. Wir können für die Regierung beten, daß sie sich korrekt verhält. Und wir können für all jene um Gottes Führung bitten, die mit dieser Sache zu tun haben. Nachher können wir Briefe schreiben – an andere Kirchen, an Senatoren und an alle, von denen wir glauben, sie könnten helfen." Seine Stimme drückte seinen ganzen Eifer aus. „Du kannst deinem Volk helfen,

Schrei im Wind! Hast du noch nie gehört, daß die Feder mächtiger ist als das Schwert?"

„Oder der Speer!" lachte ich.

Als die Gebetsversammlung begann, erwartete ich die üblichen Bitten für Kranke, Betagte und Menschen in Schwierigkeiten. Statt dessen bat Reverend McPherson, man solle heute an alle Beteiligten in Wounded Knee denken.

Meine Augen füllten sich mit Tränen, als einer nach dem anderen für die Handvoll Indianer dort betete, die niemand kannte und mit denen sie wahrscheinlich auch nicht einer Meinung waren. Ich wußte, daß es im Jahre 1890 keine Gebetsversammlungen für Indianer gegeben hatte. Die Zeiten hatten sich geändert. Die Leute nahmen Anteil, aber man mußte ihnen sagen, worum es ging. Meine Kehle war wie zugeschnürt, so betete ich nur im stillen: „Bitte, Herr, laß nicht zu, daß jemand getötet wird! Laß mich helfen, wenn ich kann, und, bitte, laß Flint nicht dorthin gehen. Und wenn er hingeht, dann bewahre ihn bitte!"

Wochen vergingen. Ich fragte mich schon, ob die Sache nie ein Ende nehmen würde, aber schließlich war es doch soweit. Ein Methodistenprediger half, daß es bei Wounded Knee zu einer Einigung kam.

Erleichtert atmete ich auf. Die Regierung hatte die Indianer nicht erschossen! Die Zeiten hatten sich wahrhaftig geändert!

Eines Morgens weckte mich das Telefon. „Hallo!" rief ich verschlafen.

„Spricht dort Schrei im Wind?" fragte eine fremde Stimme.

„Ja." Ich wartete.

„Sind Sie mit einem Mann namens Flint Pakotah verwandt?"

„Ja, er ist mein Onkel." Ich bekam Angst.

„Wir haben Ihren Namen und Ihre Telefonnummer in seiner Brieftasche gefunden. Er hatte einen Autounfall und ist verletzt. Man hat ihn ins Memorial Hospital gebracht."

„Ich komme sofort", antwortete ich und hängte auf. Ich hatte immer noch keine Ahnung, wer mich angerufen hatte.

Ich kam ins Krankenhaus und fragte nach Flint. Man bat mich zu warten, bis der Arzt mit mir gesprochen habe. Es dauerte beinahe eine Stunde, bis ein Mann in langem, weißem Mantel kam, sich neben mich setzte und erzählte, was vorgefallen war.

Flint war zu schnell gefahren und hatte die Kurve nicht erwischt. Sein Wagen raste einen steilen Abhang hinunter, überschlug sich und erlitt Totalschaden. Zum Glück hatte jemand den Unfall beobachtet und den Krankenwagen gerufen. Flint hatte sich drei Rippen und ein Bein gebrochen, aber er war froh, daß er noch am Leben war. Ich wollte ihn sehen, aber der Arzt sagte mir, er schliefe. Ich dürfe ihn erst am nächsten Tag besuchen.

Als ich am nächsten Nachmittag wiederkam, war ich von seinem Anblick erschüttert. Die Augen waren schwarz und verschwollen, und um Nase und Stirn hatte er einen Verband. Sein linkes Bein hing in einer Schlinge, und es schien, als sei sein ganzer Körper eine einzige Wunde.

„Hallo, Flint!" rief ich und ging auf ihn zu.

Er preßte die Lippen zusammen und schloß die Augen.

„Tut es sehr weh?“ fragte ich und wußte doch, daß er nie zugeben würde, Schmerzen zu haben.

Er gab keine Antwort.

Was sollte ich tun? Er hatte mit der Totenklage Ernst gemacht, und für ihn war ich tot. „Kann ich etwas für dich tun?“

Keine Antwort.

Ich stand eine Weile da und beschloß, daß ich genausogut nach Hause gehen könnte. Als ich ging, sagte ich zu ihm: „Wenn du irgend etwas brauchst, soll mich jemand anrufen. Es tut mir leid, daß du so schlimme Verletzungen hast.“ Ich sagte mir, es habe keinen Sinn, meine Zeit hier zu verschwenden. Er würde nie mehr mit mir sprechen. Ich würde ihn nicht mehr besuchen.

Aber so sehr ich es auch versuchte, ich konnte ihn nicht vergessen. Am nächsten Tag war ich wieder bei ihm. Wieder sprach er kein Wort, und ich sagte mir, daß dies nun mein letzter Besuch bei ihm gewesen sei. Eine Woche blieb ich weg, dann konnte ich nicht anders: Ich ging wieder hin.

„Hallo, Flint!“ sagte ich freundlich.

Schweigen.

Ich wollte schon weggehen, als er plötzlich sagte: „Was machst du hier?“

Ich war so erleichtert, als er endlich mit mir sprach. „Ich wollte sehen, wie es dir geht.“ Ich kam näher. „Du siehst nicht gerade gut aus.“

„Woher weißt du, daß ich hier bin?“ fragte er, wich aber meinem Blick aus.

„Du hattest in deiner Brieftasche meine Telefonnummer.“

Schweigen.

„Wie ist das passiert?“ fragte ich.

„Ich kam von einer Peyote-Feier zurück.“ Er starrte auf die Decke. „Ich glaubte, einen mächtigen Adler zu sehen, der auf mich zukam, und wollte ausweichen – aber es war gar kein Adler da.“

„Peyote!“ Ich schüttelte den Kopf. „Es wird dich umbringen!“

„Warum läßt du mich nicht allein?“ schnauzte er mich an und schloß die Augen.

Ich ging, ohne ein Wort zu sagen.

Am nächsten Tag war ich erkältet und konnte nicht zur Arbeit gehen. Erst nach einigen Tagen fühlte ich mich kräftig genug, um Flint wieder zu besuchen.

Als ich diesmal ins Zimmer trat, setzte sich Flint auf und sah mich an. „Ich dachte nicht, daß du wiederkommen würdest“, meinte er.

Ich zuckte die Achseln. „Ich mache mir Sorgen um dich.“

Er betrachtete die Schienen an seinem Bein und sagte ruhig: „Ich bin froh, daß du gekommen bist. Es tut mir leid, Schrei.“

Ich hatte noch nie gehört, daß Flint etwas im Leben leid getan hätte.

„Vergiß es!“ Schnell wechselte ich das Thema. „Wie fühlst du dich jetzt?“

„Miserabel. Ich hasse es, wie ein Tier aufgehängt zu sein!“

„Wann darfst du aus dem Krankenhaus?“

„Sie sagt, in einigen Wochen.“

„Sie?“ fragte ich. „Ich dachte, dein Arzt sei ein Mann?“

Flint wurde verlegen. „Natürlich. Eine der Schwestern hat gesagt, daß ich noch ein paar Wochen hierbleiben müsse."

„Sorgen sie gut für dich? Brauchst du etwas?"

„Danke, alles okay! Sie hat mir Bücher gebracht und borgt mir den kleinen Radioapparat, damit die Zeit schneller vergeht." Er deutete mit dem Kopf auf das kleine Radio neben dem Bett.

„Sie?" fragte ich.

„Eine der Schwestern", antwortete er schnell. Diesmal war er es, der das Thema wechselte.

Jetzt, da er wieder mit mir sprach, besuchte ich ihn jeden Tag nach der Arbeit. Sein Bein begann langsam zu heilen, und auch mit den Rippen wurde es besser. Er sah wieder aus wie Flint, aber er handelte nicht wie Flint. Er war fröhlicher, und er lachte und scherzte mehr als je zuvor.

Eines Tages fragte er mich: „Schrei, erinnerst du dich an die Geschichte, weshalb die Kickapoos die Pawnees hassen? Großmutter hatte sie einmal erzählt."

Ich dachte einen Augenblick nach. „Ja, jetzt entsinne ich mich."

„Erzähl sie mir, ich habe sie vergessen."

„Die Kickapoos und die Pawnees waren seit eh und je Feinde. Die Pawnees waren heimtückisch und fürchteten sich vor den Kriegern der Kickapoos. Sie warteten gewöhnlich, bis die Kickapoos auf die Jagd gingen, dann überfielen sie die Frauen und alten Leute, die im Lager geblieben waren. In jenem heißen Sommer 1845 haben Pawnees einigen Kickapoos die Pferde gestohlen, als sie beim Kleinen Fluß jagten. Die Kickapoos waren so zornig, daß sie diese Pawnees alle töteten. Die Kickapoos haben nicht nur ihre eigenen Pferde, sondern auch die der Pawnees noch mitgenommen.“ Ich hörte wieder Großmutters Stimme. „Damals haben die Kickapoos das Gelübde getan, sich für alle Zeiten an den Pawnees zu rächen. Als Zeichen dieses Schwurs haben sie einem Pawnee den Arm abgeschnitten und ihn an den Häuptling als Warnung geschickt.“

„Das war vor einhundertdreißig Jahren“, seufzte Flint. „Vor langer, langer Zeit. Eine zu lange Zeit, um immer noch zornig zu sein.“

„Was willst du damit sagen?“

„Oh – nichts weiter. Hier ist eine Schwester aus dem Stamm der Pawnees. Ich wußte, daß die Kikkapoos die Pawnees hassen, aber ich konnte mich nicht mehr erinnern, weshalb. Jetzt weiß ich wieder, daß es wegen der Pferde war, die vor einhundertdreißig Jahren gestohlen wurden.“ Er lachte. „Das muß ich ihr erzählen.“

Es fiel mir auf, daß er sehr oft von dieser Schwester sprach. „Wie heißt sie?“

Meine Frage überraschte ihn. „Oh, ich weiß nicht recht – ich glaube, Herbstrose oder so.“

„Ein wunderschöner Name“, antwortete ich. „Ist sie so schön wie ihr Name?“

„Ich habe nicht darauf geachtet. Sie ist nur eine Schwester.“ Er begann über das Wetter zu reden.

Ich wollte Flint erzählen, daß ich von Cloud einen Brief bekommen hatte. Aber dann würde er natürlich fragen, was er geschrieben habe. Und ich würde ihm sagen müssen, daß Cloud Christ geworden sei – und ich auch. Ich wußte, daß er noch nicht bereit war, darüber zu sprechen; so behielt ich die Neuigkeit für mich und wartete, bis der richtige Moment kommen würde.

Flint erholte sich zusehends. Er freute sich jedesmal auf meinen Besuch. Wir sprachen über alles mögliche, nur die Kirche wurde mit keinem Wort erwähnt. Keiner von uns wollte das gute Verhältnis trüben.

Als ich eines Abends in sein Zimmer kam, sah ich auf den ersten Blick, daß etwas nicht in Ordnung war. Flint sah böse aus. „Was ist passiert?“ fragte ich. Sein Essen stand unberührt neben dem Bett.

„Nichts“, sagte er in einem Ton, der verriet, daß etwas Schlimmes passiert sein mußte.

„Geht es dir schlechter?“

Weißt du, da war dieser Mann, der Jesus heißt.

„Nein. Es geht mir gut."

„Aber es sieht ganz und gar nicht danach aus!"

„Ach, es ist nichts. Nichts Wichtiges."

„Flint?" Ich mußte herausfinden, was es war.

„Da ich bald aus dem Krankenhaus darf, fragte ich die Schwester, ob ich sie nachher manchmal anrufen dürfe."

Bevor ich antworten konnte, ging die Tür auf, und eine Schwester erschien, um das Tablett mit dem unberührten Essen zu holen. „Sie hätten etwas essen sollen! Nun, vielleicht haben Sie später Hunger", sagte sie freundlich und verließ das Zimmer.

„Das war sie", sagte er im Flüsterton.

Ich konnte es nicht glauben. Flint hatte sich verliebt! Noch dazu in ein Pawnee-Mädchen!

Er zuckte die Achseln. „Nur keine Sorge. Sie will ohnehin nicht mit mir ausgehen." Er versuchte, gleichgültig auszusehen, aber es gelang ihm nicht so recht. Ich sah, daß ihn ihre Absage tief getroffen hatte.

„Weshalb nicht? Weil du ein Kickapoo bist?"

„Es ist – es ist –" Er schluckte und wandte sein Gesicht von mir ab. „Es ist – ich habe sie gebeten, mit mir auszugehen, aber sie wollte erst wissen, ob ich Christ sei."

„Was!" Ich ging auf die andere Seite, damit ich sein Gesicht sehen konnte.

„Sie hat mich gefragt, ob ich Christ sei." Flint schüttelte den Kopf. „Ich habe sie gefragt, was das für eine merkwürdige Frage wäre! Da gab sie mir zur Antwort, sie sei Christin und würde nicht mit einem Mann ausgehen, der nicht Christ sei."

Schweigend stand ich da und suchte nach Wor-

ten, die ihm helfen konnten. Flint mußte in ihr etwas Besonderes sehen, wenn ihn ihr Nein so elend gemacht hatte.

Bevor wir weiter darüber sprechen konnten, läutete die Glocke. Die Besuchszeit war zu Ende. Ich versprach, am nächsten Tag wiederzukommen, und verließ ihn.

Im Korridor sah ich die Schwester, von der Flint gesprochen hatte. Sie wartete auf den Lift, und ich ging zu ihr hin. Dabei fragte ich mich, was Flint so an ihr anzog. Sie war klein und rundlich, hatte dunkelbraune Rehaugen und kurzes, schwarzes Haar. Sie war eine Pawnee. Vor einem Jahr oder sogar noch vor einem Monat würde Flint eine Pawnee überhaupt nicht beachtet haben, und nun war er so traurig – wegen eines Pawnee-Mädchens! Er änderte sich – zwar nur ein wenig, aber er änderte sich.

Sie sah mich an und lächelte. Als ich ihr Lächeln sah, begriff ich Flint. In ihrem Lächeln lag die ganze Wärme und Freundlichkeit eines Sommertages.

Ich lächelte zurück, und da bemerkte ich noch etwas. Sie trug eine feine Goldkette um den Hals, an der ein Kreuz hing. Ich wußte, es war dieses Kreuz – und was es für sie persönlich bedeutete –, das sie davon abhielt, mit meinem Onkel auszugehen.

„Sie sind Flints Nichte, nicht wahr?“ fragte sie. „Er hat mir erzählt, daß Sie ihn oft besuchen.“

Ich nickte. „Ja, er ist mein Onkel. Ich mache mir Sorgen um ihn. Wird er wieder ganz gesund werden?“

„Ja. Voraussichtlich kann er nächste Woche wieder nach Hause gehen“, antwortete sie. Dann folgte ein langes Schweigen.

„Er mag Sie“, sagte ich kühn.

Sie schlug die Augen nieder und sagte schüchtern: „Ich ihn auch.“ Sie berührte sachte das kleine Kreuz an der goldenen Kette. „Wenn er nur –“ Dann schwieg sie.

Der Lift kam, und sie ging hinein. „Hinauf oder hinunter?“

„Weder noch! Ich habe etwas vergessen. Ich muß noch einmal zu Flint – nur ganz schnell!“ rief ich.

„Vielleicht sehen wir uns wieder einmal“, nickte sie mir zu, und der Lift verschwand. Ich hatte das Gefühl, wir würden uns noch sehr oft sehen.

Ich ging zu Flint zurück.

Er war höchst überrascht, mich nochmals zu sehen. Ich zog einen Stuhl an sein Bett und legte die Hand auf seinen Arm. „Flint, lieber Onkel Flint!“ Ich holte tief Atem. „Cloud und ich haben etwas, das wir mit dir teilen möchten.“

Er sah mich mit einsamen, hungrigen Augen an.

Ich lächelte und begann: „Weißt du, da war dieser Mann, der Jesus heißt . . .“

C. W. Stafford

Lied im Wind. Paperback. Zweiter Teil der erschütternden Selbstbiographie der Halbblutindianerin »Schrei im Wind«. Der einst »wertlose Mischling« ist von Gott in das Übungsfeld der Ehe mit einem Weißen gestellt worden. Doch bleiben Kampf und Enttäuschung nicht aus. Der bekehrten Christin scheinen die Spannungen zwischen einem Leben im Reservat und der modernen Welt Amerikas zur Zerreißprobe zu werden. Sie kann kaum begreifen, zur Missionarin berufen zu sein. Best.-Nr. 15322

Yoneko Tahara/Bernhard Palmer:

Yoneko. Paperback. Eine erschütternde Biographie aus der Welt des Fernen Ostens. Die Verfasserin gerät durch ihre Lebensumstände bis an den Abgrund des Selbstmordes. Als schwer geprüfter Krüppel muß sie die Barrieren des japanischen Ahnenkults und Götterglaubens überwinden, um für den Frieden frei zu werden, der höher ist als alle Vernunft. Gott macht aus ihr eine wirkliche Yoneko, eine »Tochter des Glücks«. Sie ist heute fröhliche Ehefrau und Mitarbeiterin der Internationalen christlichen Filmgesellschaft in Tokio. Best.-Nr. 15300

Keith Miller

Bitte hab mich lieb. Eine wahre Lebensgeschichte. Hedi Robinson ist von Kindheit an auf der Suche nach Liebe. Sie möchte sich so gern einem Menschen anvertrauen, wird aber immer wieder bitter enttäuscht. Ihr geheimer »Glaube«, vor allem ungeliebt zu sein, verleiht ihr unheimliche Kräfte. Sie wird Klassenbeste, gefragtes Mannequin, Schauspielerin, Hausfrau des Jah-

res, Kunstmalerin. Schließlich muß sie ausgebrannt und an der Todesgrenze haltmachen. Da öffnet sich über ihr der Himmel der ewigen Liebe, und sie öffnet sich den Menschen. Ein reifes, anspruchsvolles Buch des genialen Autors. Bestseller in den USA.
Best.-Nr. 15318

Joni Eareckson/Joe Musser:
Joni. Paperback. Die Autorin ist ein gottbegnadetes Phänomen unter den Schwerbehinderten. Mit 17 Jahren erlitt die lebenssprühende Sportlerin einen Badeunfall, durch den sie bis auf den Nacken bewegungsunfähig wurde. In ihrer Selbstbiographie schildert sie den Weg, den Gott sie aus der Nacht schwerster Verzweiflung in ein aktives Zeugnis tiefen Dankes führte. Sie malt künstlerisch anerkannte Bilder mit dem Mund und spricht in Fernsehinterviews und auf Vortragstourneen Gesunden und Kranken Mut zum Leben mit Jesus zu. Das Buch der heute 27jährigen erreichte bereits eine Millionenauflage. Best.-Nr. 15289

Joni Eareckson
Der nächste Schritt. Wer darauf gewartet hat, »wie es weitergeht«, ob Jonis Glaubensmut wirklich Bestand hat, erhält nun die Antwort einer gereiften Christin. Sie hat ihre Erfahrungen vertieft, und man folgt staunend einem großen Leben, in dem sich Gott so augenscheinlich offenbart hat. Verzweifelte Menschen, die durch Joni den Weg in den Frieden Gottes fanden, sind die besten Empfehlungen, die auch diesen zweiten Band begleiten. »Jonis erstes Buch rührte ihr Herz. Ihr zweites Buch will Ihr Leben verändern«, schrieb ein Kritiker. Best.-Nr. 15312